兰州大学"中央高校基本科研业务费专项资金"资助

Society Order Institutions

社会·制度·秩序

——赫德利·布尔的世界秩序思想研究

马国林 著

中国社会科学出版社

图书在版编目（CIP）数据

社会·制度·秩序：赫德利·布尔的世界秩序思想研究／马国林著．—北京：中国社会科学出版社，2015.9
ISBN 978 - 7 - 5161 - 6673 - 4

Ⅰ.①社… Ⅱ.①马… Ⅲ.①布尔,H.（1932~1985）—国际关系理论—研究 Ⅳ.①D80

中国版本图书馆 CIP 数据核字（2015）第 166964 号

出 版 人　赵剑英
责任编辑　田　文　王艳春
责任校对　邓雨婷
责任印制　王　超

出　　版　中国社会科学出版社
社　　址　北京鼓楼西大街甲 158 号
邮　　编　100720
网　　址　http://www.csspw.cn
发 行 部　010 - 84083685
门 市 部　010 - 84029450
经　　销　新华书店及其他书店

印刷装订　三河市君旺印务有限公司
版　　次　2015 年 9 月第 1 版
印　　次　2015 年 9 月第 1 次印刷

开　　本　710×1000　1/16
印　　张　12
插　　页　2
字　　数　208 千字
定　　价　48.00 元

序　言

　　马国林博士撰写的第一本专著就要出版了，我为此感到十分高兴，也很想为他的这部新书写几段话。

　　马国林博士曾经是我在北京大学国际关系学院招收和指导的国际关系专业博士研究生之一，2009 年秋天入学，2013 年夏天毕业之后到兰州大学任教。我记得他在大学本科和硕士研究生阶段所学专业均非国际关系，来北京大学攻读国际关系专业博士学位实属半路出家，但是他对国际关系理论和政治哲学这类基础性学术研究题目却怀有浓厚的兴趣，并在攻读博士学位期间非常用心地阅读、钻研相关中英文文献，其撰写的研究心得、学术译文发表在《世界经济与政治》、《国际政治研究》等国内核心刊物上，最后也很顺利地按时完成了博士学位论文的写作与答辩。

　　现在出版的这本书，正是在他的博士论文基础上修改、补充而成的一项学术研究成果，其讨论的主题为国际关系英格兰学派（又译国际关系英国学派）重要代表人物赫德利·布尔的世界秩序思想。布尔有关世界秩序的思想被集中表述在其经典著作《无政府社会——世界政治中的秩序研究》之中。该书最早出版于 1977 年，此后分别在 1995 年、2002 年以及 2012 年出版了第二版、第三版和第四版，其第二版和第四版的中文版也分别于 2003 年和 2015 年出版，我正好是这本著作的中文译者。布尔有关世界秩序的论述涉及历史、哲学、法律等多学科知识，一位中国博士生要撰写关于该主题的学位论文，其难度可想而知。马国林知难而进，很早就确定了自己的博士论文研究主题，并潜心阅读和分析相关文献资料。为了搜集有关布尔的文献资料，他申请并得到国家留学基金委员会公派留学项目的资助，到英国杜伦大学访学半年。经过几年坚持不懈的努力，马国林终于完成了自己的学业，也走了学术研究的道路。

　　据我所知，马国林博士的这本著作是国内出版的、专门论述布尔世界秩序思想的第一部专著。虽然这本书有不少值得商榷的地方，而且作者在论述这样一个难度很大的研究问题时有点力不从心，但是该书还是提出了不少独特与新颖的思考与观点。比如，该书与其他相关研究著述不同，它把布尔的世界秩序思想与雷蒙·阿隆、亚当·沃森以及赵汀阳的相关思想观点进行比交分析。又比如，该书提出，布尔有关世界秩序思想的实质是半社会、潜制度和弱秩序。

　　我在为马国林博士第一本书的出版而高兴的同时，也希望他今后在学术研究道路二继续向前迈进，继续为中国的国际关系研究添砖加瓦。

　　是为序。

北京大学国际关系学院教授　张小明

2015 年 2 月 28 日

目　　录

导　　论

　　"赫德利·布尔对国际政治理论的原创性贡献在于，他将国际政治研究的问题从战争、和平、稳定转向国际秩序。"

——卡列维·霍尔斯蒂

　　秩序既是社会生活中普遍而关键的问题，也是世界政治中古老而常新的课题。从柏拉图的"理想国"到马克思的"共产主义社会"，从但丁的"世界帝国"到康德的"共和国的联盟"，从老子的"小国寡民"① 到康有为的"大同世界"②，从《尚书》的"五服体制"③ 到费孝通的"差序格局"④，古今中外有多少哲学家、历史学家、社会学家和政治学家对此进行了苦苦思索，并在相关领域做出了自己的重大贡献。在国际关系学界，这一问题同样吸引着成千上万的研究者和学习者前往探索，并产生了一批令人瞩目的研究成果。其中，英格兰学派（English School）⑤ 学者赫

---

　　① "小国寡民。……邻国相望，鸡犬之声相闻，民至老死，不相往来。"参见陈鼓应注译解《老子今注今译》，商务印书馆 2003 年版，第 345 页。

　　② 康有为并不是第一个提出"大同"观念的人，《礼记》的"礼运"篇中就有关于天下"大同"的表述："大道之行也，天下为公。选贤与能，讲信修睦。……是谓大同。"但康有为对这一观念进行了发挥，使之更具系统性和时代性。参见王文锦译解《礼记译解》（上），中华书局 2001 年版，第 287 页；康有为《大同书》，上海古籍出版社 2005 年版。

　　③ 这种理想化的设计是以天子都城为中心，五百里甸服，五百里侯服，五百里绥服，五百里要服，五百里荒服。参见李民、王健《尚书译注》，上海古籍出版社 2004 年版，第 83 页。

　　④ "差序格局"是用来描述中国社会结构的，但也反映了一种"私"的世界观。正如费孝通所说："中国传统社会里一个人为了自己可以牺牲家，为了家可以牺牲党，为了党可以牺牲国，为了国可以牺牲天下。"费孝通：《乡土中国》，上海人民出版社 2007 年版，第 28 页。

　　⑤ 关于这一学派名称的由来和演变，参见张小明《英国学派还是英格兰学派?》，载《世界经济与政治》2008 年第 5 期，第 78—80 页；马金林《英国学派与英格兰学派：从分立到合一》，载《世界经济与政治》2012 年第 6 期，第 113—122 页。

德利·布尔（Hedley Bull）的相关思想居于重要而特殊的地位。

布尔的世界秩序思想集中体现在《无政府社会》一书中，他后来以"国际关系中的正义"为题的"哈格演讲"则进一步探讨了秩序与正义的关系问题。在他所主编的著作中，《世界政治中的干涉》和《国际社会的扩展》都多次涉及秩序问题。除此之外，他还撰写了大量有关国际社会、军备控制和大国责任的文章，其中或直接或间接地探讨了秩序问题。这些著述既具有时代性，又不乏历史感，在继承以往研究的基础上展示了自己的特色和新意。可以说，如果要从国际关系角度来研究世界秩序问题，那么布尔的作品是无论如何也绕不过去的。

在导论部分，笔者首先简要介绍关于世界秩序的一般问题，然后综述国内外学界对布尔世界秩序思想的研究成果，最后交代本书的基本问题和研究思路。

第一节　世界秩序:定义、类型和模式

在探讨布尔的世界秩序思想之前，有必要先了解一下世界秩序的一般定义、基本类型和主要模式。本节对这方面有代表性的观点进行简要介绍和评价，以便我们在后文中涉及布尔的相关思想时有所参照。

一　世界秩序的定义

要了解什么是世界秩序，首先必须了解什么是秩序。那么，怎样才能在最短时间内尽可能全面地了解一个学术用语的含义呢？让我们看看赫德利·布尔的做法：当碰到"无政府状态"（anarchy）这一术语需要解释时，他既没有冥思苦想，也没有皓首穷经，而是直接去翻阅《牛津英语词典》。[①] 这种办法虽谈不上高明，但颇为有效。那么，就让我们也来查查各种汉语词典对"秩序"的解释，以及各种英语词典对"order"的解释吧。

在《辞源》中，"秩"含有"官吏的职位或品级"和"次序"的意

---

① Hedley Bull, "Society and Anarchy in International Relations", in Herbert Butterfield and Martin Wight, eds. , *Diplomatic Investigations*: *Essays in the Theory of International Politics*, London: George Allen & Unwin Ltd. , 1966, p. 35.

思，"序"含有"次序"和"按次第排列"的意思。二字连用即为秩序，"犹言次序"。① 例如，西晋文学家陆机在《文赋》中写道："谬玄黄之秩序，故淟涊而不鲜。"意思是说，如果颜色搭配不当，就会污浊而不鲜明。

再看《辞海》，它给出了秩序的两个含义：一是指"次序"，二是指"人或事物所在的位置，含有整齐守规则之意"。②

相比之下，《现代汉语词典》的解释则更加容易理解：秩序就是"有条理、不混乱的情况"。③

英文中的"order"既有"秩序"的意思，也有"命令"等其他意思，但我们这里只关注前者。《牛津简明英语词典》对"order"的解释包括：对人或事物根据某种特定次序或方法而进行的安排或布局；所有事物都处于正确位置的状态；调节公共行为的法律和规则得到遵守的状态；由会议、立法议会或法院所承认的规定程序（prescribed procedure）。④

在《朗文英语语言和文化词典》的"order"词条下，相应的解释有四种：（1）对一些人或物按其相互关系进行列举或安排的特定方式；（2）事物依其合适位置得以仔细安排的状态；整洁；（3）法律和规则得到遵守的情况；（4）事物在某一历史时期通常的发生方式（比如"当前的经济秩序"）。⑤

《美国英语语言词典》的"order"词条下的相应解释有：（1）对事物进行的有规则的布局或有条理的安排；（2）合适的状态；（3）常规现象；固定的操作模式。⑥

综合各种词典的释义，我们可以初步认定：第一，秩序是一种状态，是一种模式化的安排；第二，在这种状态下，事物都处于各自合适的位

①　商务印书馆编辑部编：《辞源》（修订版）（下册），商务印书馆 1983 年版，第 1004、2304 页。

②　夏征农、陈至立主编：《辞海》（普及本）（下册），上海辞书出版社 2009 年版，第 5124 页。

③　中国社会科学院语言研究所词典编辑室编：《现代汉语词典》（第六版），商务印书馆 2012 年版，第 1681 页。

④　Judy Earsall, ed., *Concise Oxford English Dictionary*, Oxford：Oxford University Press, 2002, p. 1003.

⑤　*Longman Dictionary of English Language and Culture*, Essex：Pearson Education Limited, 2002, p. 954.

⑥　*American Dictionary of the English Language*, Baltimore：United Book Press, 2009, ORD.

置；第三，在这种状态下，事物之间的关系不是混乱的，而是遵循一定次序的（其对立面是"无秩序"）。除了这三个基本含义之外，还有两个引申和扩展的含义：第四，法律和规则得到遵循的情况（比如"遵守交通秩序"）；第五，事物在特定历史时期内通常的发生方式（包含无秩序）。这样看来，前三个含义是秩序的一般含义，既适用于普通事物（比如宇宙秩序）也适用于人类社会。后两个含义则专用于人类社会，只是一个狭窄，一个宽泛而已。

考察了秩序的含义，接下来就应当探讨什么是世界秩序。一般而言，这一术语中的"世界"是就地理范围而言的。从这个意义上讲，世界秩序等同于全球秩序（global order），以区别于地区秩序。考察思想史上的各种世界秩序理念，虽然很多方案的实际地理范围未必达到全球，但其眼界却是全球性的。正如罗伯特·考克斯（Robert W. Cox）所指出的："'世界'是与总体性相关的，尽管它在地理上受到可能发生的互动范围的限制（比如，以往的一些'世界'局限在地中海、欧洲或中国等地）。"①

美国著名国际关系学者斯坦利·霍夫曼（Stanley Hoffmann）从状态和进程两个方面来界定世界秩序："世界秩序是（或将会是）一种暴力和经济混乱得到驯服的状态；它是（或将会是）成员间关系处于缓和的状态……它也是导致这种状态的所有进程：谈判、威慑、武力均衡，以及对经济债券的管理。"② 他认为，世界秩序的建立必将是各成员长期努力的结果。它是一个逐渐演进的过程，本身既不包含维持现状、也不包含世界革命的内容。霍夫曼从静态和动态两个方面来界定秩序，为我们理解世界秩序提供了一种思路。

相比之下，加拿大学者罗伯特·考克斯的定义则更加宽泛。他说："我是在事物通常的发生方式（不排除动荡的情形）这个意义上使用'秩序'一词的；因此，无秩序也包含在秩序概念之中。国家间体系是世界

① Robert W. Cox, "Social Forces, States and World Orders: Beyond International Relations Theory", in Robert O. Keohane, ed., *Neorealism and Its Critics*, New York: Columbia University Press, 1986, p. 249.

② Stanley Hoffmann, *Primacy or World Order: American Foreign Policy since the Cold War*, New York: McGraw-Hill Book Company, 1978, p. 188.

秩序的一种历史形式。"① 考克斯认为，同"国家间体系"（interstate system）和"世界体系"（world system）相比，"世界秩序"这一术语具有更大的包容性和解释力。他说："我使用'世界秩序'而非'国家间体系'，是因为它与所有的历史时期相联系，而不是仅仅与国家作为其组成实体的那些历史时期相联系。我使用'世界秩序'而非'世界体系'，是因为它更能表明一种结构只具有一定的时段，并且避免了'体系'中的均衡含义。"②

中国学者潘忠岐认为："世界秩序是指国际行为主体在相互联系、相互交往、相互作用，处理各种国际问题的过程中，在既有国际体系基础上，按照一定的原则、规范和机制行事，从而形成的一种总体上相对稳定、和平、有序的状态。"③ 如果我们将"国际行为主体"理解为国家的话，那么潘忠岐的定义倾向于将世界秩序等同于国际秩序，尽管他在书中转述了赫德利·布尔对世界秩序与国际秩序的区分④。

与之不同的是，美国学者亨利·基辛格在其近著《世界秩序》中明确区分了世界秩序、国际秩序、地区秩序三个相关概念。他写道："世界秩序是一个地区或一种文明所怀有的观念，它涉及适用于整个世界的公正安排和权力分布之本质。国际秩序是这些观念在地球上一个重要部分的实际应用，这一部分足够大以至于能够影响全球均势。地区秩序涉及这些原则在特定地理区域的应用。"⑤ 不难看出，基辛格对世界秩序与地区秩序的区分是地理意义上的，而他对国际秩序的界定则偏重于权力。

二　世界秩序的类型

对世界秩序进行类型划分，有助于我们进一步理解世界秩序的具体内容，并对不同的世界秩序进行比较。因此，研究世界秩序的学者都或多或少、或直接或间接地论及世界秩序的分类问题。其中，斯坦利·霍夫曼和罗伯特·考克斯的观点具有一定的代表性。

---

① Robert W. Cox, "Social Forces, States and World Orders: Beyond Internaional Relations Theory", p. 249.

② Ibid..

③ 潘忠岐：《世界秩序：结构、机制与模式》，上海人民出版社 2004 年版，第9页。

④ 同上书，第14—15页。

⑤ Henry Kissinger, *World Order*, New York: Penguin Press, 2014, p. 9.

霍夫曼认为，在经典政治学理论中存在两种关于世界事务的截然不同的解释：一种是不完美共同体（imperfect community）模型，盛行于从奥古斯丁到格劳秀斯时期的基督教政治思想中；另一种是碎裂（fragmentation）模型，盛行于从格劳秀斯和霍布斯到当前的政治思想中。前者将人类看作一个受君王统治的共同体，君王们则服从法律规则，自然法和正义战争的理念对国家和个人都具有效力。后者否认世界共同体的存在，认为国内秩序和国际秩序具有双重差别：国内公民效忠于国家，而国家则效忠于自身的生存、安全和权力；国家对内垄断了使用武力的权力，但在国家之上却并没有更高的武力垄断权。①

考克斯指出，不同类型的世界秩序之间的一个主要区别在于是否具有霸权性。19 世纪中期英国强权之下和 20 世纪中期美国强权之下的世界和平属于霸权性的世界秩序，而处于二者之间的那段时间的世界秩序则不具有霸权性。需要注意的是，考克斯所说的霸权具有特定的含义："我在这里使用霸权一词，不单纯指一个世界强国的统治，而是指一种特定的统治方式，其中占主导地位的国家创立的秩序在意识形态上得到广泛的认同，秩序的运作依照普遍的原则……"②

中国学者孙学峰和黄宇兴根据地区内部主要国家的力量对比和区域内国家对地区规则的认可程度，将地区秩序分为霸权秩序（有单一力量中心、地区规则认可度较低，其典型是 20 世纪初至 20 世纪 30 年代中期的拉美地区秩序）、朝贡秩序（有单一力量中心、地区规则认可度较高，其典型是在明、清时期东亚地区的"华夷秩序"）、均势秩序（无单一力量中心、地区规则认可度较低，其典型是 1856 年《巴黎和约》签订之后的欧洲秩序）和共同体秩序（无单一力量中心、地区规则认可度较高，当今欧洲地区秩序不是典型的共同体秩序）四种类型。③ 这种分类虽然是针对地区秩序的，但对于世界秩序也具有一定的参考价值。

笔者认为，要确定某一具体的世界秩序属于何种类型，需要回答以下

---

① Stanley Hoffmann, *Primacy or World Order：American Foreign Policy since the Cold War*, pp. 106 – 107.

② ［加拿大］罗伯特·W. 考克斯：《生产、权力和世界秩序——社会力量在缔造历史中的作用》，林华译，世界知识出版社 2004 年版，"主题"，第 12 页。

③ 参见孙学峰、黄宇兴《中国崛起与东亚地区秩序演变》，载周方银、高程主编《东亚秩序：观念、制度与战略》，社会科学文献出版社 2012 年版，第 205—216 页。

四个相互关联的问题：第一，世界秩序的组成部分是什么？第二，各部分在体系中的位置如何？第三，各部分之间联系的紧密程度如何？第四，各部分之间互动的方式是什么？据此，可以将世界秩序分为不同的类型。

根据成员的身份，可以将世界秩序分为国家间秩序和非国家间秩序。无须多说，国家间秩序的成员是主权国家。在非国家间秩序中，成员包括帝国及其属国、文明实体、经济圈、生态圈，等等。有些秩序类型之间的界限可能是比较模糊的，比如塞缪尔·亨廷顿（Samuel P. Huntington）的"文明冲突论"虽然涉及文化实体之间的关系，但似乎并没有脱离国家间关系的传统视角①。

各成员在体系中的位置表明秩序的内在结构，据此可以将世界秩序分为等级制秩序和平等制秩序。等级制秩序中存在一个或若干地位高于其他行为体的权威，而平等制秩序中则不存在这种权威。但是需要注意，等级制和平等制的区分有两种形式：一种是法律意义上的，另一种是权力意义上的。比如，当前的国际秩序从法律上讲是平等制的，但从权力上讲是等级制的。当然，国际关系中所谓的等级制与平等制，较多是从法律意义上界说的。

根据成员之间联系的紧密程度，可以分为分散型秩序和紧密型秩序。在分散型秩序中，各行为体之间联系较少，互动是偶然的和不规则的。老子的"小国寡民"就是这样一种世界秩序，卢梭理想的世界秩序也属于此类。在紧密型秩序中，各行为体之间互动频繁，彼此对对方的决策有很大影响。从历史上看，世界秩序经历了从分散型向紧密型的逐渐演变，全球化时代的世界秩序已经深深地打上了相互依赖的烙印。

根据成员之间互动的方式，可以分为体系秩序和社会秩序。这是中国学者秦亚青的观点。他认为，当代西方的国际秩序观可以分为体系秩序观和社会秩序观。体系秩序观可以进一步分为霸权秩序观和均势秩序观两种类型，而社会秩序观也可以进一步分为法制秩序观和文化秩序观两种类型。② 这种分类很能说明问题，当然还有进一步发挥的余地。如果能将前述结构属性和这里的互动方式结合起来，我们便可以尝试从纵横两个维度

---

① ［美］塞缪尔·亨廷顿：《文明的冲突与世界秩序的重建》，周琪等译，新华出版社2010年版。

② 秦亚青主编：《中国学者看世界·国际秩序卷》，新世界出版社2007年版，"代序"，第16页。

对世界秩序进行分类：纵向的是等级制秩序与平等制秩序，横向的是体系秩序与社会秩序。结果就产生了四种类型的世界秩序：一是等级制的体系秩序（比如罗马治下的和平）；二是等级制的社会秩序（比如中国古代思想中的天下体系）；三是平等制的体系秩序（比如威斯特伐利亚秩序）；四是平等制的社会秩序（比如英格兰学派思想中的国际社会秩序）。

三 世界秩序的模式

世界秩序的类型属于宏观的划分，而世界秩序的模式则更加具体。在国际关系学界，一些学者对各种世界秩序的构想进行梳理和归纳，向我们展示了不同的世界秩序模式。

斯坦利 霍夫曼从经典的政治哲学理论中归纳了六种世界秩序方案：一是旧的正义战争理论；二是有条件的和平理论（黑格尔、马克思）；三是自由主义的渐进改革理论（科布登、安吉尔）；四是均势理论；五是激进主义理论（卢梭、加尔通）；六是世界政府理论（福尔克的世界秩序模式项目）。[①]

罗伯特·哈克维（Robert E. Harkavy）认为，西方学术界至少存在七种关于世界新秩序的模式或范式：基辛格的多极均势模式；单级霸权模式；亨廷顿的文明冲突模式；地缘经济学的三大经济集团模式；巴尼特和卡瓦纳夫的地球村模式；辛格和韦达夫斯基的和平区与动乱区并存模式；新的两极模式（最有可能是中俄集团对美欧联盟，或全亚洲国家集团对美欧俄联盟）。[②]

立足于当代国际关系理论，潘忠岐总结了八种关于世界秩序的理论及相应的模式：霸权稳定理论与单极霸权模式；权力均势理论与多极均势模式；体系结构理论与两极均势模式；权力理论的超越与集体安全模式；国内治理的延伸与世界政府模式；自由制度理论与国际制度模式；相互依赖理论与相互依赖模式；集体认同理论与安全共同体模式。[③]

上述对世界秩序模式的归纳思路比较清晰，论证比较充分。但其共同

---

① Stanley Hoffmann, *Primacy or World Order：American Foreign Policy since the Cold War*, pp. 163 – 182.

② 潘忠岐：《世界秩序理念的历史发展及其在当代的解析》，载《欧洲》2002 年第 4 期，第 13—15 页。

③ 潘忠岐：《世界秩序：结构、机制与过程》，第 214—317 页。

缺陷在于：第一，大都以现代欧洲民族国家体系诞生以来的历史发展为主要依据；第二，基本上局限于西方的思想，对非西方地区的世界秩序思想关注不够。显然，要全面梳理各种世界秩序模式，就应当既对自古以来的人类秩序模式进行考察，又对全球各地和不同文化中的世界秩序思想进行考察。

在这方面，中国国际关系学者的工作值得重视。有学者通过对中国近年来有代表性的国际秩序论文的文本分析，将中国国际关系理论界对未来国际秩序的走向归纳为三种理想模式：新的中华秩序（new Chinese order）、西方主导的自由主义秩序（west - led liberal order）和协商秩序（negotiated order）。第一种模式主张以中国传统哲学为基础，构筑一个全新的国际秩序（或世界秩序）；第二种模式认为西方文化仍然是更先进的，中国会在现有西方主导的国际秩序下实现崛起或复兴的目标；第三种模式主张既保持中国传统也积极向西方学习，达成一种中西交汇、和而不同的状态。①

第二节　布尔的世界秩序思想：以往的研究

作为有世界影响的国际关系学者，赫德利·布尔自 20 世纪 70 年代以来就逐渐成为国际关系学界重点关注的对象之一。对布尔思想的研讨在英格兰学派内部最为热烈，但也逐渐超出了这一学派的范围。本节综述中外学者对布尔世界秩序思想的研究成果，并指出其中的不足之处。

一　外国学者的研究

在国际关系理论界，尤其是在英格兰学派内部，对布尔世界秩序思想的研究经久不衰。学者们从世界秩序的相关概念和逻辑、世界秩序的维持手段、布尔世界秩序思想的特点、布尔世界秩序思想的当代适用性等方面进行了比较深入和全面的考察，留下了丰富而有价值的文献。

国际无政府状态通常是国际关系研究的出发点，布尔代表作的标题便是“无政府社会”（The Anarchical Society）。在探讨国际关系的无政府状

---

① 参见蒲晓宇《中国与国际秩序的再思考：一种政治社会学的视角》，载周方银、高程主编《东亚秩序：观念、制度与战略》，社会科学文献出版社 2012 年版，第 260 页。

态时，布尔批判了所谓的"国内类比（domestic analogy）"，即将国内社会中的个人经历与国际关系中的国家经历进行类比，从而主张国家之间只有服从一个共同权威才能实现和平的逻辑。① 对此，日裔学者菅波英美（Hidemi Suganami）指出，有时候我们不能完全抛开国内类比，因为我们用来对国际关系进行理论化的有些概念必须来源于国内社会的经验。② 他还区分了两种形式的国内类比："世界主义的"（cosmopolitanist）国内类比和"国际主义的"（internationalist）国内类比。但他指出，布尔对这两种国内类比均持反对态度。③

秩序与社会、体系与社会等概念及其相互关系是布尔思想中的重要方面，也是众多学者不断探讨的问题。约翰·威廉姆斯（John Williams）认为布尔的秩序与社会概念几乎是同义反复，或者用公式表示就是"秩序＋共同文化＝社会"。④ 艾伦·詹姆斯（Alan James）对体系与社会进行了深入考察，认为用规则来区分二者是不适当的。亚当·沃森（Adam Watson）在一些地方认为布尔的体系与社会之分是没必要的，理查德·利特尔（Richard Little）则持相反的看法。⑤

至于布尔思想中涉及的多元主义（pluralism）与连带主义（solidarism）⑥ 之间的关系，则有更多的学者进行探讨。尼古拉斯·惠勒（Nicholas J. Wheeler）和蒂姆·邓恩（Tim Dunne）对多元主义与连带主义的关系就有比较精彩的论述；而若昂·阿尔梅达（João M. Almeida）则认为布尔思想中内嵌着一种世界主义，其历史来源是布尔用以考察的中世纪基督教社会。约翰·文森特（R. J. Vincent）的看法是，布尔稳稳地立于格

---

① Hedley Bull，"Society and Anarchy in International Relations"，p. 35.

② Hidemi Suganami，"Reflections on the Domestic Analogy"，*Review of International Studies*，Vol. 12，1966，p. 146.

③ Hidemi Suganami，*The Domestic Analogy and World Order Proposals*，Cambridge：Cambridge University Press，1989，pp. 14 – 15.

④ John Williams，"Order and Society"，in Richard Little and John Williams，eds.，*The Anarchical Society in a Globalized World*，Basingstoke：Palgrave Macmillan，2006，pp. 13 – 34.

⑤ Alan James，"System or Society?"*Review of International Studies*，Vol. 19，No. 3，1993，pp. 269 – 288；Adam Watson，*Hegemony and History*，London；New York：Routledge，2007；Richard Little，*The Balance of Power in International Relations：Metaphors，Myths and Models*，Cambridge：Cambridge University Press，2007.

⑥ 有学者认为，"solidarism"应译为"团结主义"。参见庞中英《一些国际问题术语的曲解》，草根网（http：//www.caogen.com/blog/Infor_ detail.aspx？articleId = 22405），访问时间：2012 年 4 月 26 日。

劳秀斯传统或理性主义传统之中，在其早期论述霍布斯和格劳秀斯的著述中偏向多元主义一端，在其晚期论述国际社会扩展的著述中则偏向连带主义一端。①

就如何维持国际秩序而言，布尔提出国家是国际社会中最重要的制度，并详细论述了均势、国际法、外交、战争和大国管理五项制度。在这方面，一些学者主要就五项制度及其排序进行探讨，而另一些学者则循着布尔的思路考察了其他的国际制度。巴里·布赞（Barry Buzan）考察了不同的制度观，并区分了初级制度（primary institutions）与次级制度（secondary institutions）；理查德·利特尔（Richard Little）着重考察了均势这一国际制度，并区分了联合性均势（associational balance of power）与对抗性均势（adversarial balance of power）；爱德华·基恩（Edward Keene）考察了殖民主义作为一种制度的来龙去脉；柯岚安（William A. Callahan）则批评布尔遗漏了帝国这种重要的制度。②

布尔在《无政府社会》的最后一部分探讨了通向世界秩序的其他道路，包括国际社会内部的其他形式和超越国际社会的替代形式。其中有些观点很有启发性，为后来学者的进一步研究提供了思想源泉。在这方面，巴里·布赞指出了世界社会这一概念的重要性，探讨了从国际社会模式到世界社会模式的可能性；田中明彦（Tanaka Akihiko）考察了新中世纪主义（a new Medievalism）这种令人新奇的秩序模式，他认为布尔所研究的现代世界体系由于非国家行为体等因素已经不再是"现代"的，"新中世纪时代"就是对威斯特伐利亚体系的超越和向欧洲中世纪的回归，后者

---

① Nicholas J. Wheeler and Timothy Dunne, "Hedley Bull's Pluralism of the Intellect and Solidarism of the Will", *International Affairs*, Vol. 72, No. 1, 1996, pp. 91–107; João M. Almeida, "Hedley Bull, 'Embedded Cosmopolitanism', and the Pluralist–Solidarist Debate", in Richard Little and John Williams, *The Anarchical Society in a Globalized World*, pp. 51–71; R. J. Vincent, "Order in International Politics", in J. D. B. Miller and R. J. Vincent, eds., *Order and Violence: Hedley Bull and International Relations*, Oxford: Clarendon Press, 1990, p. 41.

② Barry Buzan, *From International to World Society? English School Theory and the Social Structure of Globalisation*, Cambridge: Cambridge University Press, 2004; Richard Little, *The Balance of Power in International Relations*; Edward Keene, *Beyond the Anarchical Society: Grotius, Colonialism and Order in World Politics*, Cambridge: Cambridge University Press, 2002; William A. Callahan, "Nationalising International Theory: Race, Class and the English School", *Global Society*, Vol. 18, No. 4, 2004, p. 314.

的特点是权力的重叠性和效忠对象的多元化。①

　　"有比较才有鉴别"，研究布尔思想的一种途径就是将其与其他学派和学者的理论进行比较。斯坦利·霍夫曼将布尔和一些经典现实主义者进行了比较，认为他们的相同点是：都将国际关系看成是国家政治的对外方面，都以拒绝各种形式的乌托邦主义开始。其不同点则在于：第一，不同于乔治·凯南（George Kennan）和亨利·基辛格（Henry Kissinger）等人，布尔从来没有对提供政策建议显示出巨大的热情。第二，不同于汉斯·摩根索（Hans Morgenthau），布尔并不相信国家行为的现实主义模式，即国家是理性的行为体这一假设。第三，布尔的出发点并不是国家及其权力，而是国家之间通过互动形成的团体、环境或整体。② 在 1981 年发表的一篇文章中，理查德·罗斯克兰斯（Richard Rosecrance）对布尔和结构现实主义代表人物肯尼思·华尔兹（Kenneth N. Waltz）的理论进行了比较。他认为，布尔和华尔兹的理论都属于定性分析，具有静态性质，忽视经济因素。但是，二者也有区别。布尔认为，秩序的维持既要靠道德、法律和文化影响，又要靠军事和权力因素；而华尔兹则认为，国际行为完全靠权力和大国数量决定，其他因素都属于单位层次的，没有解释力。③

　　在《无政府社会》的"第四版序言"中，布尔以前的博士生、现任牛津大学蒙塔古·伯顿讲席教授的安德鲁·赫里尔（Andrew Hurrell）对布尔思想与其他主要的国际关系理论进行了较为全面的比较分析。他指出，布尔与新现实主义者之间的距离和分歧是特别明显的：不能简单地从物质层面来理解国际体系，把它视为一种非中心的、无政府的结构；国际体系的核心是历史上形成的、处于演进中的结构，它由共同理解、规则、规范和相互期望所构成。虽然在规则和制度如何发挥作用等方面存在着一定程度的重合性，但布尔与许多自由制度主义者也有区别：布尔不认同只根据抽象的、非历史的理性主义来理解合作的做法，他的研究是从分析的、历史的和规范的三个方面来进行的；从布尔的角度来看，理性主义路

---

① Barry Buzan, *From International to World Society? English School Theory and the Social Structure of Globalisation* ; Tanaka Akihiko, *The New Middle Ages：The World System in the 21st Century* , Tokyo：The International House of Japan, 2002.

② Stanley Hoffmann, "International Society", in J. D. B. Miller and R. J. Vincent, eds. , *Order and Violence：Hedley Bull and International Relations* , pp. 13 – 15.

③ Richard Rosecrance, "International Theory revisited", *International Organization* , Vol. 35, No. 4, 1981, pp. 691 – 713.

径忽视了那些解释契约是如何和为何达成的文化和观念因素，以及阻碍此种共同项目产生的潜在障碍。虽然布尔与建构主义者都强调共同利益和价值观念，但二者的区别是存在的：第一，布尔更加强调不同类型的国际社会的历史演进；第二，布尔将国际法看作一种具体的历史惯例；第三，布尔拒绝仅仅从共同理解的角度来研究国际关系；第四，布尔相信残酷的物质事实和冰冷的权力政治能够检验实践者的雄心和分析家的方法。① 由此看来，布尔思想不能简单地被归入某个主流国际关系理论流派之中。实际上，布尔建立了一套自成一体（有自己的基本问题、核心概念和逻辑体系）而又兼容并蓄（事实上挑战了各学派之间具有不可通约性的观点）的国际关系理论。

　　布尔的写作年代是20世纪50年代末至80年代中期，而冷战后的世界形势已经发生了巨大变化。那么，布尔的思想仍然适用吗？对此，卡伊·艾尔德森（Kai Alderson）和安德鲁·赫里尔认为，布尔的著述具有持续的现实关联性。"首先……全球化的力量只有从布尔对既有国际体系的详尽分析中才能得到适当的理解；其次，布尔集中关注的那些道德问题是永恒的，他对伦理与政治之间的复杂关系的冷静分析对规范理论构成了持续的挑战；最后，布尔有关国际社会的著述继续为我们提供着丰富的思想源泉，它并没有被国际关系的主流理论完全压缩。"② 赫里尔承认布尔的一些具体观点已经不合时宜了，但他的思想总体上并未过时：第一，布尔并未忽视变化，但他强调当前的变化与历史上的变化的连续性；第二，布尔有关多元主义与连带主义国际社会思想的分野，有助于人们理解冷战后的人道主义干涉或保护的责任问题；第三，布尔提出和关注的很多问题（比如大国的作用、非西方世界的地位以及正义问题）并没有过时，他的思想对于理解全球化时代的世界政治依然重要。总之，今天的读者对于布尔的结论是否仍然具有说服力必定存在不同看法，但布尔所提出的问题和所提供的分析框架依然是研究世界政治中的秩序之最重要的出发点之一。③

---

① ［英］安德鲁·赫里尔：《第四版序言》，载［英］赫德利·布尔《无政府社会——世界政治中的秩序研究》（第四版），张小明译，上海人民出版社2015年版，第Ⅺ－ⅩⅤ页。

② Kai Alderson and Andrew Hurrell, eds., *Hedley Bull on International Society*, London: Macmillan Press, 2000, p. 66.

③ ［英］安德鲁·赫里尔：《第四版序言》，第Ⅱ－Ⅹ、ⅩⅥ页。

以上是从研究议题方面对相关文献进行的简单梳理。从文献类型来看，国外国际关系学界对布尔秩序思想的研究成果也是很丰富的。这主要表现在四个方面：第一，对布尔生平和思想的全面考察。由米勒（J. D. B. Miller）和文森特主编的《秩序与暴力：赫德利·布尔与国际关系》一书从国际社会、国际政治中的秩序、第三世界、战略研究与军备控制、全球政治体系和国际关系学术研究等方面对布尔思想进行了全面和详细的评介。而由科拉尔·贝尔（Coral Bell）和梅雷迪思·撒切尔（Meredith Thatcher）主编的《怀念赫德利》一书则从生平与学术的关系角度评述了布尔的思想，主要包括布尔早年在悉尼和牛津的岁月，约翰·安德森（John Anderson）的影响，布尔与军备控制，布尔在伦敦经济学院、英国国际政治理论委员和国际战略研究所的学术经历，布尔与托马斯·谢林（Thomas Schelling）的学术交流，布尔在堪培拉的教学经历，布尔与亚当·沃森的学术对话等方面。① 由于各章作者大都是相关领域的重要学者，且多数与布尔本人有密切的私人关系，使得这两本著作资料翔实，评介中肯，成为了解布尔生平和思想不可多得的材料。此外，罗伯特·艾森（Robert Ayson）新近出版的专著《赫德利·布尔与权力调适》一书利用了大量的一手资料，对布尔的生平和著述进行了全面、系统的解读，从而成为研究布尔思想的又一重要参考文献。②

第二，对布尔特定思想和特定著作的重点考察。其中，布尔的国际社会和世界秩序思想是学者们关注的重点，《无政府社会》一书自然成为主要的研读和批判对象。《赫德利·布尔论国际社会》的两位编者卡伊·艾尔德森和安德鲁·赫里尔专门用了三章的篇幅来介绍布尔的国际社会思想，内容涉及布尔的国际社会理念、国际社会与国际关系学术研究以及国际社会的持续关联性等方面。理查德·利特尔和约翰·威廉姆斯主编的《全球化时代的无政府社会》一书以全球化时代的挑战为主题，对布尔的经典著作《无政府社会》进行了几乎是逐章逐节的批判

---

① J. D. B. Miller and R. J. Vincent, eds., *Order and Violence：Hedley Bull and International Relations*；Coral Bell and Meredith Thatcher, eds., *Remembering Hedley*, Canberra：ANU E Press, 2008.

② Robert Ayson, *Hedley Bull and the Accommodation of Power*, Basingstoke：Palgrave Macmillan, 2012.

和反思。① 此外，对布尔的军备控制思想、国际安全思想、均势思想、外交思想、多元主义与连带主义思想、正义战争思想等，也有不少学者撰文探讨。②

第三，在对英格兰学派的总体研究中，对布尔的思想的涉及。由于布尔是英格兰学派的主要代表人物，所以凡是研究英格兰学派的文献，都或多或少涉及布尔的思想。有些著作对布尔思想单列章节进行评述，比如蒂姆·邓恩的《发明国际社会：英格兰学派的历史》一书中就专章介绍了布尔的思想；也有些著作尽管不以人物为线索，但读者从中不难看到布尔的观点和影响，比如布鲁奈罗·韦格齐（Brunello Vigezzi）的《英国国际政治理论委员会（1954—1985）：重新发现历史》，以及安德鲁·林克莱特（Andrew Linklater）和菅波英美的《国际关系英格兰学派：当前的重新评估》等。③

第四，以布尔思想为基础，进行批判性反思并力图有所超越。近年来，英格兰学派学者对该学派的早期代表人物和经典文本进行反思和超越，取得了一系列成果。不用说，对布尔思想的批判和超越是其中的重要方面。这方面的代表性著述包括菅波英美的《国内类比与世界秩序诸方案》、罗伯特·杰克逊（Robert Jackson）的《全球契约：国家组成的世界中之个人行为》、尼古拉斯·惠勒的《拯救陌生人：国际社会中的人道主义干涉》、爱德华·基恩的《超越无政府社会：格劳秀斯、殖民主义与世界政治中的秩序》、安德鲁·赫里尔的《论全球秩序：权力、价值观与国

---

① Kai Alderson and Andrew Hurrell, eds., *Hedley Bull on International Society*; Richard Little and John Williams, eds., *The Anarchical Society in a Globalized World*.

② Robert O'Neill and David N. Schwartz, eds., *Hedley Bull on Arms Control*, London: Macmillan Press, 1987, "Introduction"; Samuel M. Makinda, "Hedley Bull and International Security", National Library of Australia: Working Paper, No. 1997/3; Richard Little, *The Balance of Power in International Relations*, Ch. 5; James Der Derian, "Hedley Bull and the Idea of Diplomatic Culture," in Rick Fawn and Jeremy Larkins, eds., *International Society after the Cold War*, Basingstoke: Macmillan Press, 1996, pp. 84 - 100; Nicholas J. Wheeler and Timothy Dunne, "Hedley Bull's Pluralism of the Intellect and Solidarism of the Will"; John Williams, "Hedley Bull and Just War: Missed Opportunities and Lessons to Be Learned", *European Journal of International Relations*, Vol. 16, No. 2, 2010, pp. 179 - 196.

③ Tim Dunne, *Inventing International Society: A History of the English School*, New York: St. Martin's Press, 1998; Brunello Vigezzi, *The British Committee on the Theory of International Politics* (1954 - 1985): *The Rediscovery of History*, Milano: Edizioni Unicopli, 2005; Andrew Linklater and Hidemi Suganami, *The English School of International Relations: A Contemporary Reassessment*, Cambridge: Cambridge University Press, 2006.

际社会的构造》等。①

二 中国学者的研究

中国国际关系学界对布尔思想的研究起步较晚，但也取得了一定的成绩。主要体现在：第一，对布尔著作和文章的翻译出版。2003 年，张小明翻译的《无政府社会》（第二版）由世界知识出版社出版，成为中国学生学习布尔思想的主要读物②。2014 年，布尔与沃森主编的经典文集《国际社会的扩展》中译本也已面世。③ 另外，陈志瑞等主编的论文集《开放的国际社会——国际关系研究中的英国学派》中译出了布尔的三篇重要文章④，可与前述著作互为补充和印证。

第二，对布尔思想的评介和综述，重点是布尔的国际社会思想，其次是国际关系方法论思想。比如，周桂银、章前明等学者对布尔的国际社会思想进行了较为全面的梳理和评价，徐龙第对布尔的国际关系学科思想进行了解读，王秋彬则着重就布尔所说的大国管理这一制度进行了探讨。⑤

第三，对英格兰学派思想的研究中涉及布尔的部分。有些著述在对英格兰学派的总体研究中不可避免地涉及布尔的思想，比如章前明的《英国学派的国际社会理论》和苗红妮的《国际社会理论与英国学派的发

---

① Hidemi Suganami, *The Domestic Analogy and World Order Proposals*；Robert Jackson, *The Global Covenant：Human Conduct in a World of States*，Oxford：Oxford University Press，2000；Nicholas J. Wheeler, *Saving Strangers：Humanitarian Intervention in International Society*，Oxford：Oxford University Press，2000；Edward Keene, *Beyond the Anarchical Society：Grotius ，Colonialism and Order in World Politics*；Andrew Hurrell, *On Global Order：Power，Values，and the Constitution of International Society*，Oxford：Oxford University Press，2007.

② ［英］赫德利·布尔：《无政府社会——世界政治秩序研究》（第二版），张小明译，世界知识出版社 2003 年版。2015 年，该书第四版中译本由上海人民出版社出版。

③ ［英］赫德利·布尔、亚当·沃森主编：《国际社会的扩展》，周桂银、储召锋译，中国社会科学出版社 2014 年版。

④ 这三篇译文的题目分别是“国际理论的经典方法”“格劳秀斯式的国际社会概念”和“国际关系中的正义概念”。参见陈志瑞等主编《开放的国际社会——国际关系研究中的英国学派》，北京大学出版社 2006 年版。此书中另有一篇文章题为“无政府社会和国际社会秩序”，是从布尔的《无政府社会》中摘取的。

⑤ 周桂银：《赫德利·布尔：国际社会及其机理》，载陈志瑞等主编《开放的国际社会》，第 149—164 页；章前明：《布尔的国际社会思想》，载《浙江学刊》2008 年第 1 期，第 110—115 页；徐龙第：《赫德利·布尔的国际关系学科思想研究》，载《国际论坛》2007 年第 4 期，第 42—47 页；王秋彬：《赫德利·布尔的“大国”观评析》，载《史学集刊》2012 年第 6 期，第 28—30 页。

展》。也有些著作单列章节介绍和评价布尔思想，比如张小明的《国际关系英国学派——历史、理论与中国观》和许嘉的《"英国学派"国际关系理论研究》。①

第四，对布尔和英格兰学派思想与中国历史和现实相结合的研究。这方面的研究目前尚处于起步阶段，但具有广阔的发展前景。在为数不多的研究成果中，秦亚青探讨了中国加入国际社会过程中的身份问题，张小明和巴里·布赞就中国和平崛起的现实和前景进行了辩论，张勇进和巴里·布赞则分析了朝贡体系这一"国际社会"中的制度运行。②

三　以往研究的不足

综合中外学者的文献，可以发现对布尔思想的研究已经取得了相当多的成果，其中不乏质量很高的学术作品。但是，目前对布尔思想的研究远没有穷尽所有领域，而且有些研究还存在各种值得商榷的地方。总体来看，对布尔世界秩序思想研究的不足之处主要表现在以下五个方面。

第一，对布尔秩序思想相关领域的研究不够全面。比如，相比均势、国际法等国际制度，学界对布尔的大国管理这一制度的研究似乎不多。但这正是布尔思想中的一个独特之处，因为英格兰学派主要学者中只有布尔一人认为大国管理是一项国际制度。另外，研究者对五项制度的各自研究比较多，但对于五项制度的选择标准和相互关系却研究不多。

第二，对布尔思想基本特点的研究不够深入细致。布尔是一个思想复杂、见地独到的学者，他的思想既有国际关系理论的一般属性，又有自身的鲜明特色。现有的研究基本上都是以布尔所使用的术语来理解布尔的思想，对布尔思想的表面含义与本质含义之间的关系探讨不够。

第三，对布尔秩序思想的比较研究有待进一步加强。尽管有学者对布尔思想与美国三大主流理论进行了很好的比较研究，但较少有研究者对其

---

① 章前明：《英国学派的国际社会理论》，中国社会科学出版社 2009 年版；苗红妮：《国际社会理论与英国学派的发展》，中国社会科学出版社 2009 年版；张小明：《国际关系英国学派——历史、理论与中国观》，人民出版社 2010 年版；许嘉等：《"英国学派"国际关系理论研究》，时事出版社 2008 年版。

② 秦亚青：《作为关系过程的国际社会——制度、身份与中国和平崛起》，载《国际政治科学》2010 年第 4 期，第 1—24 页；Zhang Xiaoming and Barry Buzan, "Debating China's Peaceful Rise", *The Chinese Journal of International Politics*, Vol. 3, 2010, pp. 447 – 460；张勇进、巴里·布赞：《作为国际社会的朝贡体系》，载《国际政治科学》2012 年第 3 期，第 24—60 页。

与非美国理论进行比较。在英格兰学派内部，尼古拉斯·惠勒等学者对布尔和文森特的人道主义干涉思想进行了比较研究①，但对布尔与马丁·怀特（Martin Wight）、亚当·沃森等其他代表性学者的比较研究尚不多见。

第四，对布尔思想与现实问题的关联性的研究需要持续推进。不管后来者如何评说，布尔思想随着他本人的去世已经定型，但世界政治的现实却是不断发展变化的。已然定型的思想如何解释发展变化的现实？这是我们研究布尔思想不得不面对的问题。虽然很多学者对其现实关联性不断进行探讨，但这种探讨不可能画上句号。面对当前的一系列重大世界政治问题，我们需要对布尔思想进行批判性反思。

第五，中国学者的部分成果缺乏个人观点和中国关怀。部分文献存在简单介绍的问题，这种状况在英格兰学派初入中国时尚属必要，现在应当有所超越了。另一方面，一些学者评介布尔等人思想的主要目的在于为创建"中国学派"提供借鉴。这种研究虽然有一定意义，但视野不够开阔。如何从中国的历史和现实出发，以中国文化的独特视角来评估布尔乃至整个英格兰学派的思想，确实是一个需要认真对待和深入思考的问题。

第三节　布尔的世界秩序思想：本书的研究

在介绍了国际关系学界对布尔思想的研究之后，接下来就应该回答笔者为何以及如何进行研究了。本节首先交代本书研究的基本问题和研究意义，然后指出主要论点和创新之处，最后说明研究方法和章节安排。

一　基本问题和研究意义

本书旨在全面探讨赫德利·布尔的世界秩序思想，集中关注一个问题：布尔世界秩序思想的独特之处体现在哪里？当然，要回答这个问题，不可避免地会涉及另外两个问题：第一，布尔世界秩序思想的主要内容是什么？第二，布尔世界秩序思想的内在逻辑是什么？

赫德利·布尔是20世纪有重大影响的国际关系理论家，世界秩序思

---

① Nicholas J. Wheeler, "Pluralist or Solidarist Conceptions of International Society: Bull and Vincent on Humanitarian Intervention", *Millennium - Journal of International Studies*, Vol. 21, 1992, pp. 463 – 487.

想（和国际社会思想交织在一起）是布尔国际关系思想最重要的组成部分。布尔的世界秩序思想丰富而独特，其理论贡献主要体现在：首先，他对秩序的本质特征、秩序的维持手段、秩序的替代模式等方面进行了全面探讨，极大地丰富了国际关系学界对这一问题的研究。其次，他将秩序与社会、秩序与制度相关联，细化并且深化了对于秩序如何维持的探讨，避免了单纯对秩序问题进行抽象的哲理思辨。诚如约翰·文森特所说，正是布尔"使得秩序成为国际关系中的一个需要严肃探讨的话题，而不仅仅是一个口号或容纳一切的概念"①。卡列维·霍尔斯蒂（K. J. Holsti）也指出："赫德利·布尔对国际政治理论的原创性贡献在于，他将国际政治研究的问题从战争、和平、稳定转向国际秩序。"② 最后，他将国际社会模式与其他的世界秩序模式进行对比，在突出现有秩序模式优势的同时，也为后来学者的相关研究提供了思想素材并预留了发展空间。

对布尔的世界秩序思想进行较为全面、系统的研究，意义在于：第一，有助于人们进一步理解世界政治中的秩序问题。布尔对世界政治中的体系与社会、秩序与正义、战争与和平、威慑与均势等重大理论问题均有深入的思考和系统的阐述，其中的很多见解经得起时间的检验。因此，要认识和把握历史和现实中的世界秩序重大问题，学习和研究布尔的思想是必不可少的。同时，将布尔思想与其他学者的思想进行比较，也有助于不同学术传统之间以及不同学科之间的对话，从而丰富我们对世界秩序的理解。

第二，有助于学界了解布尔思想的丰富性和独特性，从而进一步认识英格兰学派的国际关系理论。当前的国际关系理论以美国的新现实主义、新自由制度主义和建构主义为主要范式，中国学界对此比较熟悉。但对非美国国际关系理论，尤其是对一些重要的非美国国际关系学者的理论，则相对了解不够。英格兰学派是冷战后有重大影响的理论流派，赫德利·布尔是这一学派的主要代表人物，中国学界对其思想的全面了解具有重要性和紧迫性。

第三，对建立有正义内涵的世界秩序提供思想依据。如何建立有正义

---

① R. J. Vincent, "Order in International Politics", pp. 48 – 49.

② K. J. Holsti, "Theorising the Causes of Order", in Cornelia Navari, ed., *Theorising International Society: English School Methods*, New York: Palgrave Macmillan, 2009, p. 128.

内涵的世界秩序是当前的一个重大理论问题和现实问题，而布尔世界秩序思想中的一个主要方面就是如何平衡秩序与正义的关系问题。因此，对他的相关论述进行研究，对于国际关系的研究者和决策者均具有重要的借鉴和启发意义。

第四，对中国崛起过程中的政策选择提供理论参考。中国的崛起是21世纪初期的一个重大世界政治事件，国际关系的研究者和实践者应当认真面对、深入思考和努力解释这一问题。研究布尔的世界秩序思想，在一定程度上有助于我们厘清大国崛起与世界秩序之间的复杂关系，为我们进一步探究中国崛起的模式和方向提供参照。

二 主要论点和创新之处

在世界秩序这一领域，布尔主要探讨的问题是：在世界政治中，秩序如何得以实现？他的回答是：首先，通过国际社会模式实现秩序是可行的，尽管这一模式还需改进；其次，在国际社会框架中，秩序主要是通过国际制度来维持的；最后，与国际社会相比，其他的世界政治组织形式在"二战"后时代都无法有效地实现秩序。一言以蔽之，社会、制度、秩序三者之间的关系构成了布尔世界秩序思想的主要内容。

在布尔的论述中，这三者之间的基本关系是：一方面，在理论建构中，布尔的思路是以秩序带社会，以社会带制度；另一方面，在实际功能上，布尔的观点是以制度定社会，以社会定秩序。具体而言，布尔对这三个关键术语的定义是环环相扣的：在定义国际秩序时引出国际社会的概念，在定义国际社会时又引出国际制度的概念；但布尔对这三者之间的联系的论述却表明：国际社会是以国际制度为纽带来维系的，而国际秩序（世界秩序的当今表现）是以国际社会为框架来实现的。这就是布尔世界秩序思想的内在逻辑。

与其他学者相比，布尔的世界秩序思想具有一些独特之处：首先，他将秩序置于国际社会的框架中进行探讨，而他所说的社会（尤其是全球性国际社会）虽然具有共同利益、规则和制度，但其中既没有中央政府又缺少共同文化，并且由于没有外部敌人而缺乏内部凝聚力，因而只是一个由国家组成的、不完全的社会，即"半社会"（quasi society）。其次，他提出维持国际秩序的五项制度，虽然这些制度在国际社会的运行中发挥着基础性作用，但它们既没有获得国际社会成员的普遍和明确认可，也没有依赖相关的国际组织来配套运行，因而只是一些深层次的、习惯性的、非正式的制度，即"潜制度"（invisible institutions）。最后，他强调秩序在世界政治中的持续存在，但这种秩序既不能免受战争影响而稳健运行，也不能确保国家之间的合作和繁荣，更不能充分满足弱势国家的正义变革需求，因而只是一种不稳定的、不牢靠的、基础脆弱的秩序，即"弱秩序"（weak order）。

半社会、潜制度、弱秩序之间的关系一如社会、制度、秩序之间的关系。一方面，基于共处目标的弱秩序只需在一个没有中央政府和共同文化的半社会中便可实现，而这样一个半社会也只需依靠一些成员心照不宣的潜制度便可支撑。另一方面，主要依靠潜制度来维持的只能是一个不完善的半社会，而在一个半社会的框架中也只能实现以共处为主要目标的弱秩序。

布尔借社会、制度、秩序之名，而取半社会、潜制度、弱秩序之实，甚是怪异。究其原因，当存在于国际关系研究中通常为人所忽视的性质与程度关系之中。一方面，布尔认为国际关系形成了一个"社会"，其中存在着一些"制度"，这些制度共同维持着一种"秩序"；另一方面，这个社会却不是一个完全意义上的社会，这些制度也不是通常意义上的显性制度，这种秩序更不是人们惯常所理解的稳定秩序。这样看来，布尔的世界秩序思想从表面上看是性质分析，但实际上是程度分析。当然，本书的目的并不是要用半社会、潜制度、弱秩序这三个新的术语来代替布尔所说的社会、制度、秩序这三个传统术语，而是要指出布尔世界秩序思想的表面含义和实质含义之间的不一致性。

与研究赫德利·布尔思想的同类论著相比，本书尝试在以下两个方面有所创新：第一，通过语言看思想，即尝试以一种新的术语体系（半社会、潜制度、弱秩序）来解读布尔的世界秩序思想，突破以往用布尔的语言（社会、制度、秩序）来理解布尔思想的传统做法。第二，通过比较看特色，即尝试对布尔的世界秩序思想与多位学者的相关思想进行比较研究，以突出布尔思想的独特之处。这种比较具有三种形式：一是补充性的正向比较，即所比较的两种思想是从两个不同角度来强调同一个观点的，具有互补性；二是延伸性的正向比较，即在所比较的两种思想中，一种是另一种的延伸和推进，但也存在一些差异；三是反向比较，即所比较的两种思想有很大的不同和对立，但也存在对话的空间。

　　本文的比较对象包括法国学者雷蒙·阿隆（Raymond Aron）、英国学者亚当·沃森和中国学者赵汀阳。之所以选取这三位学者而非其他学者，原因在于：第一，这三位学者都对世界秩序问题有比较充分的研究，它们的相关思想与布尔的思想具有可比性。第二，这三位学者都不代表美国主流理论，对他们的研究具有重要性。这倒不是说，将布尔的思想与美国主流国际关系学者的思想进行比较就不重要。正如文献综述所显示的那样，这种比较已经很多、很充分了，笔者无意给这样的研究再增添数量。第三，这三位学者都不是单纯的国际关系理论家，他们的研究跨越了不同的学科（国际关系学、政治学、社会学、历史学、哲学、伦理学）。因此，这种比较可以为不同学科之间关于世界秩序的对话搭建桥梁。正如中国学者秦亚青所说：“‘世界秩序’绝非国际关系学者的专有领地。……若无哲学的视野和历史的厚重，若无人文的理想和人性的通融，就无法本能地关心人、人性、人的权利和人类生存的状况，也就难以成就世界政治的学问。”①

三　研究方法和章节安排

　　本书所采用的研究方法主要有两种：一是文本分析法，即以布尔的代表作《无政府社会》为基础，以布尔公开发表的其他著作和文章为依据，以其他学者对布尔思想的研究为参照，力图全面、准确地评述布尔的世界秩序思想。二是比较分析法，即将布尔的相关思想与法国学者雷蒙·阿隆的权力秩序思想、英国学者亚当·沃森的集体霸权思想、中国学者赵汀阳的天下体系思想分别进行比较研究，以突出布尔思想的特色。

　　在章节安排上，全书分为导论、本论和结论三个部分。导论和结论的作用不言自明，即引出论题和进行总结。在本论中，第一章和第八章前后呼应，分别探讨布尔的思想历程和思想遗产。除此之外，第二至七章的关系是：第二、四、六章是对布尔思想三个主要方面的述评，第三、五、七章则是就这三个方面与相关学者的相应思想进行比较。之所以这样设计，是因为布尔的世界秩序思想（集中体现在《无政府社会》一书中）包含三个相对独立的部分：第一部分主要谈世界政治中的秩序之本质；第二部分具体谈国际社会中的秩序如何维持；第三部分进而谈通向世界秩序的其

他道路。而其他学者谈论世界秩序，在全面性、系统性和理论性方面都绝少达到这样的程度。这样一来，就很难找到一位学者的思想与布尔的世界秩序思想进行全面比较。但是，有一些学者的思想与布尔世界秩序思想的相关部分还是可以对应上的。本书在不影响布尔思想整体性的前提下，将其三个部分依次评述，而在每一部分之后都找一种对应的思想进行比较，原因即在于此。

导论介绍几种典型的世界秩序定义、类型和模式，综述学界对布尔世界秩序思想的研究，并交代本书研究的主要问题和基本思路。

第一章介绍布尔的学习、工作经历和主要研究成果，叙述布尔思想的产生和发展过程，进而对布尔思想的范围和主题进行探讨。

第二章以《无政府社会》第一部分为基础，对布尔的秩序概念、体系与社会的关系、秩序与正义的关系等基本理论问题进行述评。布尔用生命、诚信和财产权三个社会生活中的基本目标来界定秩序，同时区分了作为事实的秩序与作为价值的秩序、国际秩序与世界秩序等概念。这种定义和分类使得布尔的世界秩序思想既具有明确的对象，又具有鲜明的特色。布尔在探讨秩序的同时涉及体系与社会这两个概念，虽然他对二者的区别和联系进行了深入探讨，但有人质疑这是一种无用的二分论。另一方面，尽管布尔详细考察了秩序与正义的关系及其当代表现，但也有人质疑这是一种怪异的二分论。对于上述两种看法，本章将依据布尔的原文进行考察。

第三章将布尔的秩序和社会思想与法国学者雷蒙·阿隆的相关思想进行比较。阿隆是著名的社会学家和政治学家，他的《和平与战争》一书对世界秩序问题多有涉及。另外，阿隆曾于1965年主持了"世界秩序的条件"专题研讨会，与来自不同国家和不同领域的学者就这一问题进行了富有成效的探讨。在相关著述中，阿隆将秩序定义为"最低程度的共存状况"，并提出了"非社会的社会"和"无政府的秩序"等概念。布尔运用历史、哲学和法律方法对世界秩序的研究与阿隆从历史社会学的角度进行的相关研究有异曲同工之处，但也表明了布尔社会概念的特殊性。通过与阿隆思想的比较，可以初步认为布尔所说的国际社会实际上是一个"半社会"。

第四章以《无政府社会》的第二部分为基础，试图揭示布尔所说的五项制度（均势、国际法、外交、战争和大国管理）的基本功能及其选择标准和相互关系。随后，本章将以基欧汉（Robert Keohane）和布赞等学者对国际制度的层次划分为参照，试图为国际制度的研究提供一种更加全面的分析框架，即将国际制度分为确定体系类型、成员身份和互动模式的本构制度（constitutive institutions）、实现成员之间共处目标的共处制度（coexistent institutions）和促进成员之间在具体领域进行合作的合作制度（cooperative institutions）三个层次，各层次之间是功能递减关系。

第五章将布尔的制度思想与英格兰学派另一位代表人物亚当·沃森的相关思想进行比较。布尔在论及国际制度时将霸权排除在外，而马丁·怀特、亚当·沃森和伊恩·克拉克（Ian Clark）等英格兰学派学者则将其纳入视野之中。沃森重点阐述了集体霸权的思想，这一思想与布尔的大国管理思想既很相像又有区别。本章通过对二者的比较得出的初步结论是，布尔的大国管理等制度本质上是一种"潜制度"，而潜制度的显性化不能超出其容纳的限度，否则将失去维护国际秩序的基本功能。

第六章以《无政府社会》第三部分为基础，对布尔所讨论的通向世界秩序的其他道路进行述评。布尔既考察了国际社会之内的其他形式（裁军的世界、国家的团结一致、众多核国家并存的世界和意识形态的同质性），也考察了超越国际社会的替代模式（是体系，但没形成社会；有国家，但没形成体系；世界政府；新中世纪主义）。他的结论是：没有明确的证据表明，国际社会在短期内会被任何一种替代方案所取代。因此，维持世界秩序的途径，就是对国际社会加以改革，使其中的社会要素继续存在并得到加强。

第七章将布尔关于世界秩序模式的论述与中国哲学家赵汀阳的"天下体系"思想进行比较。布尔所提出的国际社会及其替代模式立足于欧洲国际社会及其扩展的历史叙事，因而带有西方中心主义的痕迹。要全面考察世界秩序的实现途径，离不开对非西方思想的关注。赵汀阳的理论以中国古代天下观为思想资源，以周朝的封建体系为历史原型，向人们展现了一幅实现冲突最小化、合作最大化的理想模式。通过与这一模式的比较，可以初步认为布尔所说的秩序是一种"弱秩序"，追求的是国家共存，而非"天下大治"。

第八章探讨布尔的思想遗产。布尔的某些特定论断随着时间的推移必然会过时，佀布尔提出的问题及其分析框架仍然是研究世界政治中的秩序的最重要的出发点之一。联系当前国际关系现实的变化和国际关系理论的发展，布尔思想至少在三个方面可以给我们启示：一是关于国内类比与国际关系的问题，二是关于文化差异与文明冲突的问题，三是关于学派建设与学术发展的问题。

结论部分总结全文的主要观点，强调布尔的世界秩序思想表面上是探讨社会、制度、秩序之间的关系，实际上则是探讨半社会、潜制度、弱秩序之间的关系。原因在于，布尔的研究中暗含着一种"化程度问题为性质问题"的思维倾向。因此，要正确认识布尔的世界秩序思想，就必须正视国际关系研究中的性质与程度关系这一根本问题。

第一章　赫德利·布尔的思想历程

"看起来赫德利·布尔将会成为我们中间最有才干的一位。"

——赫伯特·巴特菲尔德

1985 年 5 月 18 日，赫德利·布尔因病去世。

两天后，英国著名报纸《泰晤士报》（*The Times*）发表讣告，称赞他是"研究核军备控制和第三世界政治问题的世界级学术权威（a world authority）"①。讣告回顾了布尔的人生经历，强调了他在军备控制、国际关系研究方法和第三世界问题上的学术贡献，以及他对牛津大学国际关系学科发展的重要影响。

五个月后，在一次赫德利·布尔的追思会上，他的家人、同事、好友和学生深切缅怀了这位令人尊敬的学者和令人惋惜的亲友。军备控制和国际关系领域的著名学者迈克尔·霍华德（Michael Howard）、罗伯特·奥尼尔（Robert O'Neill）和亚当·沃森等人先后回忆了他们与布尔的交往，而布尔生前的研究生堂·马克威尔（Don Markwell）则用布尔评价其老师约翰·安德森的话来赞扬布尔："他比许多名气更大的人都要伟大。"②

十年后，赫德利·布尔的代表作《无政府社会——世界政治中的秩序研究》出版了第二版，此后又于 2002 年和 2012 年先后出版了第三版和第四版。对一个已故学者的著作不断推出新版本，实不多见。其中，第二

---

① "Obituary: Prof. Hedley Bull", *The Times*, May 20, 1985. 《泰晤士报》的评价并非不高，但不全面。实际上，当人们今天想起赫德利·布尔这个名字时，第一反应可能是：他是著名的国际关系理论家，《无政府社会》的作者。然而，这一点在《泰晤士报》的讣告中并没有明确指出。

② Robert O'Neill and David N. Schwartz, eds., *Hedley Bull on Arms Control*, p. 280.

版增加了斯坦利·霍夫曼的序言，第三版增加了安德鲁·赫里尔的序言，第四版根据新的形势更新了赫里尔的序言。①

23 年后，一座富丽堂皇、造型别致、名为"赫德利·布尔中心"（the Hedley Bull Centre）的大厦在澳大利亚国立大学建成，时任澳大利亚总理陆克文（Kevin Rudd）亲自出席了中心的落成典礼并发表了演讲。中心的官方网站指出，这座大楼之所以被命名为"赫德利·布尔中心"，就是为了纪念这位"澳大利亚最杰出的国际关系学者"②。

赫德利·布尔究竟何许人也？为什么有那么多人尊敬他，怀念他，惋惜他？《无政府社会》又是一本什么样的书？为什么它能够行销数十年而经久不衰？布尔的思想是如何产生和发展起来的？它的范围和主题又是什么？

第一节　布尔的生平和作品

同很多杰出的学者一样，赫德利·布尔的成名不是偶然的。他的天赋、勤奋和机遇，使得他从一个学习历史和哲学的澳大利亚青年一步步成长为一位军备控制专家和国际关系理论家。布尔的经历告诉我们，外行与专家之间的界限并不是不可逾越的。

一　从悉尼到牛津

1932 年 6 月 10 日，赫德利·布尔生于澳大利亚悉尼。他的小学是在伯伍德（Burwood）郊区的卫理会女子学校（Methodist Ladies College）度过的，那时他对社会科学和所有语言课程都非常感兴趣。③ 后来，布尔就读于福特街高级中学（Fort Street High School），那是新南威尔士州（the New South Wales）最有声望的学校之一。布尔在学校里参加辩论和戏剧演出，并顺利通过毕业考试。其中，他的历史成绩优异（First Class Honours），而正是这门学科影响和塑造了他的智力，并持续成为他的主要兴趣

---

① Hedley Bull, *The Anarchical Society: A Study of Order in World Politics*, Fourth Edition, Basingstoke: Palgrave Macmillan, 2012.

② http: //ips. cap. anu. edu. au/hbc/, access date: November 7, 2012.

③ Robert Ayson, *Hedley Bull and the Accommodation of Power*, p. 10.

点之一。①

　　1949—1952 年，布尔在悉尼大学人文系（the Faculty of Arts）读书。他起初打算学人文和法律，但后来将兴趣转向历史和哲学②，并于 1952 年毕业时取得了优秀的哲学成绩（A 等）和良好的历史成绩（B 等）。在这里，他继续参加辩论，并发起成立了一个为时不长的悉尼大学政治科学协会。此外，他还主编人文系的刊物《阿娜》（Arna），并经常为大学生的报纸《霍尼·索伊特》（Honi Soit）撰写文章。

　　在得到一项奖学金③资助后，布尔于 1953 年进入牛津大学的大学学院（University College, Oxford）。他原本打算学习哲学④，但在阅读了牛津大学哲学家的著述之后决定选择政治学，因为他对语言分析不感兴趣。布尔在牛津大学学习的课程包括"政治制度""政治理论"等必修课和"法理论""黑格尔与马克思"等选修课，但他并没有选修"国际关系"这门课程。在给他授课的老师中，有赫伯特·哈特（H. L. A. Hart）和以赛亚·柏林（Isaiah Berlin）等著名学者。布尔在牛津的学习开阔了视野，增长了知识，为他以后的学术研究打下了良好的基础。

二　伦敦和堪培拉

　　1955 年牛津大学毕业后，布尔应查尔斯·曼宁（C. A. W. Manning）之邀去伦敦经济学院（London School of Economics and Political Science）担任助理讲师（assistant lecturer）。⑤ 从这时起，布尔在国际关系方面的学

---

　　① J. D. B. Miller, "Hedley Bull, 1932 – 1985", in J. D. B. Miller and R. J. Vincent, eds. , *Order and Violence*, p. 2.

　　② 但据布尔的夫人玛丽·布尔（Mary Bull）回忆："他从未失去对法律的兴趣，尤其是对法学家在政治思想和国际思想发展中的影响，以及他们的自然法概念和正义概念的兴趣。" Mary Bull, "Early Years: Sydney and Oxford," in Coral Bell and Meredith Thatcher, eds. , *Remembering Hedley*, p. 1.

　　③ 布尔获得的是伍利旅行奖学金（Woolley Travelling Fellowship），资助期限为两年，每年 400 英镑。参见 Mary Bull, "Early Years: Sydney and Oxford", p. 3。

　　④ 布尔攻读的学位当时称为哲学学士（B. Phil, 全称是 Bachelor of Philosophy），但随着"硕士"（master）逐渐成为第二级学位的通用称谓，牛津大学的这一学位后来也改称哲学硕士（M. Phil）。参见 Mary Bull, "Early Years: Sydney and Oxford", p. 3。

　　⑤ 据布尔夫人回忆，布尔之所以能够被曼宁选中，主要有两个原因：第一，布尔得到了他的老师赫伯特·哈特的推荐，而哈特曾经是曼宁在牛津大学任教时的学生。第二，曼宁对国际关系学科有自己独特的看法，他不想要有国际关系背景的人加入，而布尔的哲学和历史背景，以及他新近对政治学理论和法学理论的学习，正好符合曼宁的条件。参见 Mary Bull, "Early Years: Sydney and Oxford", pp. 4 – 5。

术研究正式起步。他旁听了马丁·怀特关于国际关系理论传统的课程，留下了极为深刻的印象。① 他从 1958 年开始发表国际关系学术文章②，并于 1961 年出版了《军备竞赛的控制》③ 一书，赢得了国际性的学术声誉。鉴于他在军备控制与裁军方面的见识和影响，英国工党政府于 1965 年任命他为外交部（Foreign and Commonwealth Office）新设立的军备控制与裁军研究小组负责人。

布尔于 1967 年返回澳大利亚，在澳大利亚国立大学担任太平洋研究院的国际关系教授。④ 同时，他也与另一位教授轮流担任系主任，每两年轮换一次。在澳大利亚执教期间，布尔一方面继续进行国际关系理论的思考，并完成了他的代表作《无政府社会》，此书于 1977 年出版⑤。另一方面，布尔于 1968—1973 年间担任澳大利亚国际问题研究所的研究主任（Research Director），其关注澳大利亚外交政策的成果之一便是主编了《亚洲与西太平洋》这本文集，此书于 1975 年出版⑥。在教学方面，布尔于 1975 年之后开始指导博士生，培养了后来成为著名国际关系学者的约翰·文森特。

三　重返牛津

1977 年，布尔重返牛津大学，接替于此前一年去世的阿拉斯泰尔·

---

① 在伦敦经济学院从教期间，布尔还试图申请该校或牛津大学的博士学位，但均未成功，部分原因是他自己并不重视。参见 Robert Ayson, *Hedley Bull and the Accommodation of Power*, pp. 26, 32, 207。

② Hedley Bull, "World Opinion and International Organisation", *International Relations*, Vol. 1, No. 9, 1958.

③ Hedley Bull, *The Control of the Arms Race: Disarmament and Arms Control in the Nuclear Age*, London: Weidenfeld & Nicolson, 1961.

④ 关于回澳大利亚的原因，布尔自己的解释是：厌倦了从中心权力的角度看世界，想近距离地观察发展中国家。参见 Robert O'Neill and David N. Schwartz, eds. , *Hedley Bull on Arms Control*, p. 282。

⑤ Hedley Bull, *The Anarchical Society: A Study of Order in World Politics*, New York: Columbia University Press, 1977. 除特别注明外，本书所引布尔此书均出自这一版本。

⑥ Hedley Bull, ed. , *Asia and the Western Pacific: Towards a New International Order*, Melbourne: Thomas Nelscn, 1975.

巴肯（Alastair Buchan），担任蒙塔古·伯顿讲席教授（Montague Burton Chair）。① 按照学校要求，教授每学期至少要给学生开设六门课程或讲座，其中一门可以研讨会形式进行。布尔一般会在第一学期给硕士生（此时已改称 M. Phil students）讲国际关系理论和国际关系史，在第二学期讲授当代国际问题。这促使他进一步阅读并发展自己的思想，部分结果便是他与亚当·汪森主编了《国际社会的扩展》这本书，二人还打算完成一本《对西方主导地位的反抗》作为后续著作。此外，布尔还计划写一本国际关系思想史，并且已经开始收集整理 16—20 世纪的相关著作者的资料。②

在牛津的教学过程中，布尔先后组织了一系列讲座，并将这些讲座的材料主编成书出版。在 1982 年的希拉里学期（Hilary term），他以"世界政治中的干涉"为题安排了 8 场讲座，并在增加了导论和自己写的一章后于 1984 年结集出版。在 1983 年，他安排了纪念亚当·冯·特罗特（Adam von Trott）的系列讲座，后于 1986 年出版了《第三帝国的挑战：亚当·冯·特罗特纪念讲座》。在这一年的米迦勒学期（Michaelmas term），他安排了纪念格劳秀斯诞辰 400 周年的系列讲座，后于 1990 年出版了论文集《格劳秀斯与国际关系》。虽然此书主编为赫德利·布尔、亚当·罗伯茨（Adam Roberts）和本尼迪克特·金斯伯里（Benedict Kingsbury），但出版时布尔已去世五年。1984—1985 年，他和威廉·罗杰·刘易斯（Wm. Roger Louis）一起主持以"二战"后的英美关系为主题的系列学术会议。由二人共同主编的著作《特殊关系：1945 年以来的英美关系》于 1986 年出版。③

其间，布尔经常参加学术会议，并加入一些学术机构。在这些机构中，布尔经常参加活动的主要是战略研究所（后改称国际战略研究所[International Institute of Strategic Studies]，简称 IISS）和英国国际政治理

---

① 布尔夫人说，布尔当时并不想离开堪培拉，因为他和家人在这里生活得很幸福。但是，他也认识到在作为学术重镇的牛津大学当教授对于他的国际关系研究的好处。布尔自己后来也说，在那里教书的一个好处就是，牛津可以吸引来自世界各地的最优秀学子。他为此深受鼓舞，并从他们中间学到很多东西。参见 Mary Bull, "Early Years: Sydney and Oxford," pp. 3, 6。

② Ibid. , pp. 6 - 7.

③ Hedley Bull, ed. , *Intervention in World Politics*, Oxford: Clarendon, 1984; Hedley Bull, ed. , *The Challenge of the Third Reich*: *The Adam Von Trott Memorial Lectures*, Oxford: Clarendon, 1986; Hedley Bull, Benedict Kingsbury and Adam Roberts, eds. , *Hugo Grotius and International Relations*, Oxford: Clarendon, 1990; Wm. Roger Louis and Hedley Bull, eds. , *The "Special Relationship"*: *Anglo - American Relations since* 1945, Oxford: Clarendon, 1986.

论委员会（the British Committee on the Theory of International Politics）。后者的成员时有变化，但探讨的主题主要围绕欧洲国际社会及其扩展而进行。布尔和沃森一起主持了该委员会后期的研究工作，其主要成果便是于1984 年出版的《国际社会的扩展》一书。① 两位主编为此书撰写了导论和结论，并各自贡献了三篇质量很高的文章。

第二节　布尔思想的产生

赫德利·布尔的国际关系思想既是特定历史条件下的产物，也是布尔批判地吸收、继承和发展前代和同代思想家成果的产物，更是布尔本人体验人生、钻研学术的产物。以上三个方面的因素，分别构成了布尔思想产生的历史背景、理论来源和主观条件。

一　历史背景

布尔研究国际关系的年代，主要是在 20 世纪 50 年代中期至 80 年代中期。此时美苏冷战正酣，国际局势总体上处于紧张和对立状态，面临着无秩序的威胁。这种世界历史大背景框定了布尔研究的范围、重点和主题。

第一，核武器及其运载工具的出现以及随后进行的美苏军备竞赛和裁军谈判，促使布尔认真面对世界政治中的秩序问题，集中考察军备竞赛和裁军对维持秩序的作用。所以我们看到，在布尔一生的全部著述中，大约有一半是研究国际安全与战略的，涉及的核心问题是军备竞赛的控制。

第二，美苏及其盟国之间的政治、经济、外交斗争和意识形态对立，以及有时进行的一定程度的缓和与合作，促使布尔深入思考国际社会是否存在，以及这一框架能否和如何维持世界秩序的问题。事后看来，布尔对国际关系的主要贡献正是体现在这一方面。

第三，"二战"结束以后，伴随着英法等欧洲殖民帝国的衰落和瓦解，非殖民化进程、民族独立运动和第三世界崛起成为国际关系中的重要

① Hedley Bull and Adam Watson, eds. , *The Expansion of International Society*, Oxford：Clarendon, 1984.

现象，这便使布尔对秩序与正义之间的关系给予特别的关注。比如，布尔在《什么是英联邦?》一文中指出，英联邦的存在便是对批评帝国主义观点的一种道德回应。①

二 理论来源

布尔国际关系思想的理论来源包括两个方面：一是对前代学者思想的继承和发展，包括霍布斯、洛克等政治哲学家的思想，格劳秀斯、瓦特尔（Emmerich de Vattel）、奥本海（L. Oppenheim）等国际法学家的思想，以及希伦（A. H. L. Heeren）、兰克（Leopold von Ranke）等历史学家的思想；二是对同代学者思想的批判和吸收，主要包括约翰·安德森、赫伯特·哈特、查尔斯·曼宁和马丁·怀特等学者的思想。

在国际关系研究中存在一种倾向，就是将国际关系的无政府状态等同于霍布斯所说的自然状态。布尔详细分析了国际无政府状态与霍布斯式的自然状态之间的差异，从而为阐发其"无政府社会"的基本观点做了思想铺垫。在布尔看来，霍布斯式的自然状态有三个基本特征：一是没有工业、农业、航海、贸易，或者人类生活其他方面的改善；二是缺少是与非的观念以及财产权的观念；三是战争状态。然而，在国际无政府状态中，缺少一个世界政府并不妨碍工业、贸易的发展和人类生活其他方面的改善，而国际行为中的是与非观念一直具有重要的地位，战争虽然普遍存在但可以发挥积极作用。② 如此说来，国际关系中的国家比国内社会中的个人更能够忍受无政府状态带来的不便。布尔由此认为，国际关系更像洛克式而非霍布斯式的自然状态。

在创立国际社会概念和确立国际法的地位方面，格劳秀斯等国际法学家起了关键作用。在《格劳秀斯式的国际社会理念》一文中，布尔通过对比格劳秀斯与奥本海的观点，区分了描述国际社会的多元主义和连带主义思想，这导致了后来英格兰学派内部围绕这两种国际社会思想的持久争论。另外，格劳秀斯和奥本海都认为战争在国际社会中发挥着某种作用，布尔后来在《无政府社会》中就是将战争当作一种维持国际秩序的制度

---

① Hedley Bull, "What is Commonwealth?" *World Politics*, Vol. 11, No. 4, 1959, p. 585.

② Hedley Bull, "Society and Anarchy in International Relations", pp. 37 – 38, 40 – 43.

来对待的。① 另一方面，瓦特尔等 18—19 世纪的法学家阐明了国际社会中的成员身份问题，瓦特尔本人就宣称"万国法"是"关于民族或国家的权利及其相应义务的科学"。此外，布尔将均势视为国际社会中一项主要制度，而他对均势的定义就是完全引用瓦特尔的："没有一个大国处于压倒性的优势地位，从而可以对其他国家发号施令的状况。"② 但是，布尔并非完全接受这些著名的国际法学家的观点。例如，在用生命、诚信和财产这三个基本目标界定秩序时，布尔就与格劳秀斯等自然法学家分道扬镳了。他说："我尤其不赞同自然法学说倡导者的观点，即这些及其他基本的、首要的或普遍的社会生活目标对所有人都具有强制性，或支持这些目标的行为规则显然对所以人具有约束力。实际上，我在这里所持的观点可以被看作自然法理论的'经验版'，即试图以不同时代的语言来描述社会存在的基本或主要条件。"③

历史知识丰富的布尔，对历史学家阿诺德·希伦怀有崇高的敬意④。布尔指出，"国家体系"（states system）这一术语首次出现在英语中，就是希伦所著《欧洲及其殖民地政治体系的历史手册》的英译本（1834）。在希伦看来，国家体系是"几个地理上相邻，生活方式、宗教信仰和社会发展程度相似的国家，因利益互惠而形成的联盟"。⑤ 布尔坦言，希伦所说的"国家体系"与自己所说的"国际社会"含义相近。⑥ 而兰克对大国的论述，则影响到布尔对大国管理这一国际制度的阐述。布尔认为，兰克在其著名论文《大国》（*The Great Powers*）中阐述的大国及其特殊权

---

① 关于布尔对格劳秀斯和奥本海相关思想的比较和吸收，参见 Hedley Bull, "The Grotian Conception of International Society", in Herbert Butterfield and Martin Wight, eds. , *Diplomatic Investigations*: *Essays in the Theory of International Politics*, pp. 52 – 53。另有学者指出，布尔的国际法思想乃至整个国际社会思想深受奥本海的影响。比如，布尔和奥本海一样将均势看作国际法的条件，而非其组成部分。参见 David Armstrong, "The Nature of Law in an Anarchical Society", in Richard Little and John Williams, eds. , *The Anarchical Society in a Globalized World*, p. 126; Hidemi Suganami, "C. A. W. Manning and the Study of International Relations", *Review of International Studies*, Vol. 27, 2001, p. 95。

② Hedley Bull, *The Anarchical Society*: *A Study of Order in World Politics*, p. 101.

③ Ibid. , p. 6.

④ Adam Watson, "Hedley Bull, States Systems and International Societies", *Review of International Studies*, Vol. 13, 1987, p. 150.

⑤ A. H. L. Heeren, *A Manual of the History of the Political System of Europe and Its Colonies*, Oxford: Talboys, 1834, Vol. 1, p. v. Cited in Hedley Bull, *The Anarchical Society*, p. 13.

⑥ Hedley Bull, *The Anarchical Society*: *A Study of Order in World Politics*, p. 13.

利和义务的思想，表达了一种国家按照权力划分等级的新观念，以取代按照世袭地位和先例划分等级的旧观念。尽管兰克对大国的定义太模糊（他以自给自足和不靠同盟来界定大国的军事地位），但有助于我们理解美苏在冷战时期的特殊地位。①

前代学者对布尔思想的形成提供了丰富的理论源泉，但当代学者对布尔的影响则更为直接。其中，让布尔获益最多的是几位学界前辈。约翰·安德森于1927—1958年任悉尼大学的哲学教授，其哲学现实主义思想在澳大利亚学术界颇有影响。布尔本人在《无政府社会》的"序言"中对安德森表达了最深的谢意："他对本书所探讨的问题所言无几，但他的思想和榜样却对我们很多学生的观点形成产生了最为深刻的影响。"② 然而，布尔并没有详细说明安德森对他观点形成的具体影响。根据布尔夫人的回忆，布尔从安德森那里主要学到了两点：第一，学术生活应该是一种询问式的生活（a life of enquiry），没有哪种主张是不经过质疑就应当被接受的，而这种质疑应当导向对基本真理的探究。第二，任何社会都应当被看作各种不同的、甚至经常相互竞争的利益的集合体，政府的主要任务就是发现它们之间可以促进共同利益的妥协和契约。③ 罗伯特·艾森的看法是，安德森对布尔的影响主要在于学术生活的批判性。④ 另有学者指出：尽管布尔偏离了安德森在伦理问题上的极端看法，但他研究国际关系的基本路径、对国际社会的理解以及对宗教的怀疑态度在很多方面都源于安德森的教学。⑤

赫伯特·哈特是20世纪著名的法律哲学家，也是布尔在牛津大学读书时的任课老师。布尔在《无政府社会》的"序言"中坦承："我的论述中的某些观点来自我在牛津大学的老师赫伯特·哈特的思想。"⑥ 那么，布尔的哪些观点源自哈特呢？第一，哈特反对仅仅以强制（coercion）的术语来界定法律，并区分了法律规则中的初级规则（primary rules）和次级规则（secondary rules）。布尔追随哈特，承认国际法具有法律地位。他

---

① Hedley Bull, *The Anarchical Society: A Study of Order in World Politics*, pp. 37 – 38, 201.

② Ibid., p. x.

③ Mary Bull, "Early Years: Sydney and Oxford", p. 2.

④ Robert Ayson, *Hedley Bull and the Accommodation of Power*, pp. 10 – 11.

⑤ Renée Jeffery, "Australian Realism and International Relations: John Anderson and Hedley Bull on Ethics, Religion and Society", *International Politics*, Vol. 45, 2008, p. 52.

⑥ Hedley Bull, *The Anarchical Society: A Study of Order in World Politics*, p. ix.

认为国际法属于初级规则，国际社会中不存在承认、变更和裁判等次级规则。① 第二，哈特认为，用以限制使用暴力、要求尊重财产权和承诺的规则理念构成自然法的"最低限度的内容"，也是实证法和社会道德的基础。② 在《无政府社会》中，布尔正是用生命、诚信和财产三个社会生活目标来界定秩序的。他承认，关于这三个基本目标有很多分析，"尤其参见哈特关于构成'自然法学说中善的理念之核心'的'简单的自明之理'的论述"③。

查尔斯·曼宁于1930—1962年间担任伦敦经济学院教授，对英国的国际关系学科建设和理论创新均有贡献。布尔在《无政府社会》的"序言"中对他以前在伦敦经济学院的同事，"尤其是查尔斯·曼宁"④，表达了谢意。曼宁对布尔的影响不仅在于他将布尔引进为伦敦经济学院的教师，更重要的是他的一些观点启发了布尔。有学者考证，正是曼宁第一个使用了"国内类比"这一术语⑤，而布尔则继曼宁之后对这种逻辑进行了更为深刻的检讨。更重要的是，曼宁将国际社会看作一个形式上无政府但实质上有秩序的社会，这一点也明显地影响了布尔的思考。⑥ 在布尔的著述中，国际社会就是一个没有最高权威但存在基本秩序的社会。当然，布尔与曼宁笔下的国际社会也是有区别的：曼宁所说的国际社会主要是理念型的，而布尔所说的国际社会则是国际关系中实际存在的。

马丁·怀特是布尔在伦敦经济学院的同事⑦，二人同为英国国际政治理论委员会的成员。布尔在《无政府社会》的"序言"中写道："我对马丁·怀特深表谢意。他第一个让我知道国际关系也可以是一门学科。他在这一领域的著作，借用他自己的一个比喻，就像伦敦郊区的一

---

① Hedley Bull, *The Anarchical Society: A Study of Order in World Politics*, pp. 133 – 135; See also João Marques de Almeida, "Challenging Realism by Returning to History: The British Committee's Contribution to IR 40 Years on", *International Relations*, Vol. 17, No. 3, pp. 292 – 293.

② ［英］哈特：《法律的概念》（第二版），许家馨、李冠宜译，法律出版社2011年版，第171—275页。

③ Hedley Bull, *The Anarchical Society: A Study of Order in World Politics*, p. 321.

④ Idid., p. ix.

⑤ Hidemi Suganami, "C. A. W. Manning and the Study of International Relations", p. 95.

⑥ Ibid., p. 100.

⑦ 国内有学者认为怀特是布尔的老师，这种说法不符合事实。怀特与布尔是同事关系，也是指导者（mentor）与被指导者（mentee）的关系，这种关系在英格兰学派中并不罕见。

座罗马式建筑。"① 那么，怀特对布尔思想的形成有哪些具体影响呢？第一，怀特曾明确指出，国际理论所要探讨的最基本问题就是："什么是国际社会？"② 布尔更进一步，在《国际理论：为经典路径辩护》一文中提出了一系列与国际社会有关的问题（包括主权国家之间是否组成一个国际社会，这个社会是否以共同文化的存在为前提，战争在国际社会中处于什么地位，等等），他认为这些正是国际关系研究的核心问题。③ 第二，怀特将国际理论划分为现实主义、理性主义和革命主义三种传统④，布尔接受了这种分类，对相关术语和思想加以改进⑤，并将其中的理性主义或格劳秀斯传统发扬光大。但不同于怀特在三种传统之间行走的立场，布尔明确将自己归为理性主义阵营。第三，怀特对国际体系的形成和发展进行了开拓性的研究，并认为历史上的国际体系都是建立在共同文化基础上的。⑥ 布尔进一步研究了欧洲国际体系向世界范围扩展的过程，探讨了在缺乏共同文化的国际社会中秩序如何得以维持的问题。⑦ 第四，怀特将国际制度界定为"用以实施社会控制和满足基本社会需求或需要的，持久的、复杂的、完整的、组织化的行为模式"⑧，并探讨了外交、联盟、战争等国际社会中的制度。布尔和怀特一样将联合国等国际组织视为国际社会中的"假制度"（pseudo - institutions），并提出了影响深远的五项制度说，即均势、国际法、外交、战争和大国管理。

① Hedley Bull, *The Anarchical Society：A Study of Order in World Politics*, p. ix.

② Martin Wight, "An Anatomy of International Thought", *Review of International Studies*, Vol. 13, 1987, p. 222.

③ Hedley Bull, "International Theory：The Case for a Classical Approach", *World Politics*, Vol. 18, No. 3, 1966, p. 367.

④ Martin Wight, *International Theory：The Three Traditions*, Leicester：Leicester University Press, 1991.

⑤ 布尔指出，在现代国家体系的历史中，存在着三种相互竞争的思想传统：霍布斯主义或现实主义传统（它把国际政治视为战争状态）、康德主义或普世主义传统（它认为有一个潜在的人类共同体在国际政治中发挥作用），格劳秀斯主义或国际主义传统（它认为国际政治发生于国际社会之中）。布尔在注释中明确指出，这种分类源自马丁·怀特的《国际关系中的西方价值观念》一文。Hedley Bull, *The Anarchical Society：A Study of Order in World Politics*, pp. 24, 332.

⑥ Martin Wight, *Systems of States*, Leicester：Leicester University Press, 1977.

⑦ Hedley Bull and Adam Watson, eds., *The Expansion of International Society*.

⑧ Martin Wight, *International Theory：The Three Traditions*, p. 141.

三　主观条件

即便有客观的历史条件和深厚的思想渊源，如果没有个人的聪明和勤奋，也是不可能产生有重大影响的理论成果的。以外行身份进入国际关系的教学和研究领域，三年后就在高水平的国际关系刊物上发表文章，六年后就出版有国际影响的专著——布尔的天赋和悟性不可谓不高！① 这连同他的勤奋和机遇，以及他的教育背景和工作经历，构成了布尔世界秩序思想产生的主观条件。

作为澳大利亚人的布尔。布尔的少年时代在澳大利亚度过，后来又返回澳大利亚执教十年，他身上的澳大利亚底色不可谓不浓厚。在亚当·沃森眼里，布尔是一个地道的澳大利亚人，而他的出身对他的视野和观点无疑具有决定性的影响。"由于他不是来自业已消逝的英帝国的中心，而是来自它的一个前殖民属国，布尔才能够如此全面地理解帝国的撤退和对西方的反抗这些现象，并如此清晰地告诉我们。"②

作为英国外交部成员的布尔。由于在军备控制与裁军方面的学术影响，布尔于1965—1967年担任英国外交部军备控制与裁军研究小组的负责人。他的小组在部内部外都获得了高度认可，对英国代表团在日内瓦谈判中扮演重要角色助益良多。③ 由于亲身参与外交决策的讨论，使布尔的国际关系思想更具现实性，更少学究气。

作为学生的布尔。布尔在中学时就不喜欢数学和科学，但在语言和辩论方面表现出色。考上悉尼大学后，布尔又参加了很多场辩论。中学毕业时，他的历史成绩优异。上大学后，他又跟布拉姆施泰德（Bramsted）博士学习欧洲历史，而他第四年的课程还包括澳大利亚历史。④ 在牛津学习期间，布尔补充了自己在政治学和国际法方面的基础知识。这种教育背景对布尔的思想产生了什么样的影响呢？首先，多年的辩论经历锻炼并提升了他的逻辑思维能力和语言表达能力，这一点在他后来关于方法论的著名

---

① 阿拉斯泰尔·巴肯认为，布尔很可能是英国最有才能的政治学家；托马斯·谢林的评价是，布尔属于国际关系领域很少有的最出色的学者之一。参见 Robert Ayson, *Hedley Bull and the Accommodation of Power*, p. 88。

② Robert O'Neill and David N. Schwartz, eds. , *Hedley Bull on Arms Control*, p. 283.

③ Ibid. , p. 6.

④ Mary Bull, "Early Years: Sydney and Oxford", pp. 1 - 2.

辩论性文章中发挥得淋漓尽致。① 其次,对历史的学习为他的学术研究积累了素材,奠定了框架。在后来研究欧洲国际社会的扩展时,布尔就是将世界其他地区看成是欧洲帝国的组成部分的。最后,具有历史、政治哲学和国际法背景知识的布尔,在国际关系研究方法上自然而然地坚持"源于哲学、历史和法律"的经典路径,反对科学行为主义路径。

作为教师的布尔。布尔曾先后在伦敦经济学院、澳大利亚国立大学和牛津大学任教,主讲了国际关系理论、国际关系史和当代国际关系等国际关系基础课程,培养了约翰·文森特、詹姆斯·德尔·德里安(James Der Derian)和安德鲁·赫里尔等著名国际关系学者。长年的教学经历,对布尔的学术研究具有明显的促进作用。如前所述,布尔在澳大利亚国立大学的教学对他写作《无政府社会》具有积极作用,而他在牛津大学的教学则是他主编《国际社会的扩展》的动因之一。

作为学术机构成员的布尔。布尔不是一个闭门造车式的书斋学者,而是一个积极参加各种学术机构和学术会议的活跃分子。他既是英联邦研究所(the Institute of Commonwealth)的成员,又长期参加国际战略研究所的学术活动。最为重要的是,他是英国国际政治理论委员会的主要参与者之一和最后一任主席(1977—1985)。就在布尔进入英国委员会的两周后,巴特菲尔德便对沃森说:"看起来赫德利·布尔将会成为我们中间最有才干的一位。"② 这些学术机构和学术会议一方面为他提供了与其他学者交流思想的平台,另一方面也为他提供了发表著述的机会。作为国际战略研究所的会议起草人和报告人,布尔受该研究所负责人阿拉斯泰尔·巴肯之托提交了一系列报告,在此基础上出版了他的成名作《军备竞赛的控制》。布尔早年关于国际社会的两篇重要文章就收在英国委员会出版的论文集《外交探究》里,而他晚年与沃森主持的关于国际社会扩展的研究则被普遍认为是英国委员会的集体成果。

作为访问学者的布尔。利用假期和其他机会,布尔多次外出访问学习。他于1957年开始了为期一年的美国之行,访问了哈佛、华盛顿、芝

① Hedley Bull, "International Theory: The Case for a Classical Approach", *World Politics*, Vol. 18, No. 3, 1966, pp. 361–377.

② Robert O'Neill and David N. Schwartz, eds., *Hedley Bull on Arms Control*, p. 284.

加哥和伯克利等学术重镇。① 这次访美经历提升了他对战略研究的兴趣，但也坚定了他对行为主义方法的反对。② 后来，布尔又于 1963 年访问普林斯顿大学，并于 1974—1975 年在印度尼赫鲁大学（Jawaharlal Nehru University）访学。这两次访问影响了他的国际秩序思想，尤其是理查德·福尔克（Richard Falk）和拉吉尼·科塔里（Rajni Kothari）两位学者的观点使他印象深刻。布尔在《无政府社会》中探讨了改革国际社会的四种方案，其中的两种便是福尔克的全球集权主义模式和科塔里的地区联邦模式。值得一提的是，布尔于 1973 年 9—10 月随团对中国进行了访问，并撰写了详细的笔记和报告。在他后来的著述中，布尔把中国看作一个大国，或至少是一个地区大国。③

第三节　布尔思想的发展

对于布尔思想的发展过程，可以从纵向和横向两个维度进行考察。纵向发展是指布尔思想从相对简单到逐渐趋于完善的过程，横向发展则是指布尔思想从相对零散到逐渐形成体系的过程。④ 而能够将纵向发展和横向发展连贯起来的，便是布尔思想的基本主题。

一　发展阶段

布尔思想的发展可以大致分为三个阶段：形成阶段，时间跨度为 1955—1966 年；成熟阶段，时间跨度为 1966—1977 年；转变阶段，时间跨度为 1977—1985 年。⑤ 在每一个阶段，既有纵向的深化和细化，又有

---

① 为了帮助布尔逃脱兵役，查尔斯·曼宁促成了布尔的此次美国之行。参见 Robert Ayson, *Hedley Bull and the Accommodation of Power*, p. 31.

② J. D. B. Miller, "Hedley Bull, 1932 – 1985", p. 6.

③ 张小明：《国际关系英国学派——历史、理论与中国观》，第 252—254 页。

④ 关于纵向发展和横向发展，这里借用了吴于廑先生的说法。他认为，人类历史的发展经历了纵向发展和横向发展两个方面："这里所说的纵向发展，是指人类物质生产史上不同生产方式的演变和由此引起的不同社会形态的更迭。……所谓世界历史的横向发展，是指历史由各地区间的相互闭塞到逐步开放，由彼此分散到逐步联系密切，终于发展成为整体的世界历史这一客观过程而言的。"参见吴于廑、齐世荣主编《世界史·古代史编》（上卷），高等教育出版社 2011 年版，"总序"，第 6—7 页。

⑤ 有中国学者将布尔的经历分为四个时期：成长期（1932—1952）；思想的形成期（1952—1966）；思想深化和发展的时期（1967—1976）；思想的成熟期（1977—1985）。参见许嘉等著《"英国学派"国际关系理论研究》，第 232—235 页。笔者认为，将 1952 年布尔从悉尼大学毕业当作其学术生涯的一个转折点，证据不足。

横向的扩展和渗透。

布尔思想发展的第一阶段，始于 1955 年布尔进入伦敦经济学院开始从事国际关系研究，终于 1966 年布尔的三篇重要文章问世。这段时期是布尔思想的初创阶段，其标志是：（1）布尔在 1958 年和 1959 年发表的两篇文章中初步探讨了国际社会以及秩序和正义等问题，为以后研究社会、秩序、正义之间的关系确定了方向。在 1958 年发表的《世界舆论与国际组织》一文中，布尔就明确指出了国际社会的存在，并认为这是一个由国家组成的社会，它具有自身独特的结构，以及对外政策、外交、联盟、均势和战争等典型制度。① 在 1959 年发表的《裁军与国际体系》一文中，布尔进一步指出，国际社会是一个没有政府的社会，它包含不成熟和不确定的正义，并提供秩序。② （2）布尔于 1961 年出版了专著《军备竞赛的控制》，其战略与军备控制思想基本形成。在书中，布尔从学理上区分了裁军与军备控制的概念，并详细探讨了军备控制的目标和条件，以及实现军备控制的各种途径等问题。此书因其分析冷静、观点持中而赢得赞誉，成为这一领域早期研究的经典著作之一。 （3）英国国际政治委员会于 1966 年出版的论文集《外交探究》中收录了布尔论述国际社会的两篇重要文章，其国际社会理论形成概念框架。这两篇文章分别是《国际关系中的社会与无政府状态》和《格劳修斯式的国际社会理念》，前一篇文章勾勒了布尔后来的名著《无政府社会》一书的轮廓，后一篇文章引起了英格兰学派内部关于多元主义和连带主义的经久不息的争论。（4）布尔于 1966 年发表的《国际理论：为经典路径辩护》③ 一文，奠定了他本人乃至整个英格兰学派的方法论基础。在文中，布尔坚决维护“源于哲学、历史和法律，其首要特点是明确依赖于使用判断力”的经典路径，并对“其命题要么基于逻辑或数学证明，要么基于严格的、经验性的验证程序”的科学路径进行了猛烈的批评。

分析这一时期布尔的著述，我们能够发现以下特点：第一，布尔的研究领域是不平衡的。他出版的唯一专著和发表的绝大部分文章都是关于军备控制的，而在国际关系理论方面的成果相对较少。这与他参与国际战略

---

① Hedley Bull, "World Opinion and International Organization", p. 428.

② Hedley Bull, "Disarmament and the International System," in Robert O'Neill and David N. Schwartz, eds., *Hedley Bull on Arms Control*, p. 27.

③ Hedley Bull, "International Theory: The Case for a Classical Approach", pp. 361 – 377.

研究所的学术活动和出任英国外交部成员的经历不无关系，但也说明从事国际关系理论研究需要更长时间的积淀。第二，布尔的学术思想尚未形成体系。他在有关军备控制的著述中虽然涉及国际社会和世界秩序问题，但并没有从经验研究进一步导向宏大理论的建构。而他关于国际关系理论文章则偏重于对以往学者思想的梳理，尚未与国际关系的历史和现实紧密结合起来。第三，布尔在一些问题上的思考虽具挑战性和启发性，但稍欠周全。比如，在为经典路径辩护的文章中，他对科学方法采取了全面否定的态度，这种态度事后看来是缺乏弹性的。另外，这篇文章的侧重点不在于从正面说明经典路径如何值得坚持，而在于从反面说明科学路径如何应当摒弃，写法的怪异之处甚是明显。

　　布尔思想发展的第二阶段，始于1966年三篇重要文章发表之后，终于1977年《无政府社会》的出版。这段时期是布尔思想的成熟阶段，其标志是：（1）布尔根据国际安全形势变化，发表了一系列关于战略与国际安全的文章，充实和改进了他在军备控制和裁军领域的思想。（2）布尔于1971年发表了《国际社会中的秩序与正义》一文，其秩序与正义思想形成轮廓。在文中，他用生命、诚信和财产权三个基本目标来界定秩序，并探讨了秩序与正义的兼容性问题，以及在二者发生冲突时的优先性问题。布尔的结论是，秩序在通常情况下（但并非任何情况下）优先于正义。①（3）由于返回祖国任教，布尔着重关注澳大利亚的对外政策，并于1975年出版了由他主编的论文集《亚洲和西太平洋：通向新的国际秩序》，其地区与国别思想逐渐形成。（4）布尔于1972年和1975年先后发表三篇纵论国际关系学科、理论与方法的文章②，其国际关系学科思想趋于成熟。（5）布尔于1977年出版专著《无政府社会》，其国际社会与世界秩序思想的概念框架基本定型。在书中，布尔对国际社会进行了权威性的概念界定，详述了均势等基本制度在维持国际秩序中的作用，并探讨了通向世界秩序的其他道路。迄今为止，此书一直是英格兰学派最负盛名的

---

　　① Hedley Bull, "Order vs. Justice in International Society", *Political Studies*, Vol. 19, No. 3, 1971, pp. 269–283.

　　② Hedley Bull, "The Theory of International Politics, 1919–1969", in Brian Porter, ed., *The Aberystwyth Papers*, Oxford: Oxford University Press, 1972, pp. 30–55; Hedley Bull, "International Relations as an Academic Pursuit", *Australian Outlook*, Vol. 26, No. 3, 1972, pp. 251–265; Hedley Bull, "New Directions in the Theory of International Relations", *International Studies*, Vol. 14, No. 3, 1975, pp. 277–287.

代表性著作，书中提出的问题和给出的尝试性回答不断激发起国际关系领域的后来者学习和探究的热情。

在这一时期的布尔著述中，体现出了以下特点：第一，布尔的研究领域更加宽广，思想线索更加清晰。无论是对军备控制和地区安全的研究，还是对国际关系理论的研究，都围绕着秩序和社会这两个核心概念来展开。第二，布尔的思想更有理论深度和跨学科的渗透性。他对于秩序与正义的研究深入到了政治哲学领域，他关于国际社会的研究则渗入了国际法和国际关系史领域。第三，布尔的观点更具有包容性和全面性。他在国际社会的各种价值排序中倾向于秩序的优先地位，但并不将其绝对化。他认为国际社会是当前实现世界秩序的可行途径，但并不排除新中世纪主义等其他途径在未来的可能性。

布尔思想发展的第三阶段，始于 1977 年《无政府社会》出版之后，终于 1985 年布尔去世。① 这段时期是布尔思想的转变阶段，其标志是：（1）布尔于 1984 年出版了《国际社会的扩展》和《世界政治中的干涉》两本论文集，丰富和深化了其国际社会思想。尤其是他和沃森共同主编的《国际社会的扩展》，此书集中叙述了发端于欧洲的国际社会向全球范围扩展的历史进程，探讨了不同国家和地区的文化在这一进程中的碰撞与融合，说明了非西方国家进入国际社会以及挑战西方主导地位的原因和影响。布尔不仅和沃森一起撰写了导言和结论，而且还单独贡献了三个精彩的篇章。②（2）布尔于 1983—1984 年在加拿大滑铁卢大学做的以"国际关系中的正义"为题的"哈格演讲"，可以看作是其思想由偏向多元主义向偏向连带主义转变的重要标志。在这一演讲中，布尔详细探讨了正义的内涵，并对第三世界国家对正义的关注给予了更多的同情。③（3）布尔于 1980 年发表《最大的不负责任者？美国、苏联与世界秩序》一文，连同其他关于军备控制和国际秩序的文章，在一定程度上修正了他此前对国际安全和大国责任的基本判断。（4）布尔撰写的若干篇关于第三世界的文

---

① 布尔有几篇文章发表时间迟至 1990 年，但显然是在他去世之前写成的。

② Hedley Bull and Adam Watson, eds., *The Expansion of International Society*, esp. Chs. 7, 8, 14.

③ Hedley Bull, "Justice in International Relations: The 1983 Hagey Lectures", in Kai Alderson and Andrew Hurrell, eds., *Hedley Bull on International Society*, London: Macmillan Press, 2000, pp. 206 – 245.

章，连同他与威廉·路易斯共同主编的以"'特殊关系'：1945 年以来的英美关系"为题的论文集，丰富和深化了他的地区与国别思想①。

从布尔这一时期的著述中，我们不难看出以下特点：第一，布尔在价值取向上出现了较大的转变。他不再固守国家的中心地位和秩序的优先地位，而是将关注点向个人和正义方向倾斜。本来，布尔还计划写一本《无政府社会》的姊妹篇，专门探讨正义问题，可惜未能实现。第二，布尔的思想进一步向历史纵深拓展。布尔不仅拟定了《国际社会的扩展》的写作提纲，而且亲自撰写了关于欧洲国家与非洲政治共同体的关系、全球性国际社会的形成，以及非西方国家反抗西方主导地位等文章，将其国际社会理论置于更加宏大的历史视野之中。第三，布尔的观点更具现实批判性。他不仅呼吁西方国家正视非西方国家的正义诉求，而且对超级大国（尤其是美国）在世界政治中的好战行为深表不满，称其为"最大的不负责任者"（the great irresponsibles）。② 鉴于大国管理是维持秩序的基本制度之一，这一论断显示出他对当时的世界秩序深感忧虑。

二　研究范围

从布尔思想的发展历程来看，他确实是一位兴趣广泛、学识渊博的学者，他的视野非常宽广，并在很多领域都有独到的见解。他既关注理论问题，也关注历史和现实问题；既关注全球问题，也关注地区和国别问题。

具体而言，布尔研究的主要领域可以归纳为六个方面：（1）国际社会的基本理论问题和历史问题，包括国际社会的概念、国际社会的思想、国际社会的形成、国际社会的扩展等；（2）国际秩序与世界秩序问题，包括国际秩序与世界秩序的概念、国际秩序与世界秩序的关系、国际秩序与世界秩序的维持、世界政治中的人权与干涉等；（3）世界政治中的正义问题，包括正义的概念、正义与秩序的关系、第三世界的正义需求及西方国家的应对等；（4）战略与军备控制问题，包括军备控制的概念、目标、条件、途径以及美苏核战略谈判等；（5）地区与国别问题，包括澳

---

①　布尔在 1959 年发表的《什么是英联邦？》一文中就谈及英美关系，他认为英联邦从属于更大范围的英语世界，而英语世界的领导者是美国。参见 Hedley Bull, "What is Commonwealth?" p. 584.

②　Hedley Bull, "The Great Irresponsibles? The United States, the Soviet Union, and World Order", *International Journal*, Vol. 35, No. 3, 1980, pp. 437 – 447.

大利亚的对外政策、英美特殊关系、亚洲和西太平洋地区秩序、印度洋地区安全等；（6）国际关系学科、理论与方法问题，包括国际关系学的研究主题、国际关系理论的发展阶段、国际关系研究的主要路径等。

三　基本主题

布尔的涉猎面如此之广，自然会给我们确定其思想主题带来一定的困难。关于布尔思想的基本主题，学术界主要存在三种观点：第一种认为是国际社会；第二种认为是世界政治中的秩序、世界秩序或国际秩序；第三种认为是国际制度。

卡伊·艾尔德森和安德鲁·赫里尔认为，虽然布尔的研究领域宽广，但一个简单而又强有力的观念反复出现：国家之间组成社会，而这个社会只能以它自己的术语来理解。① 中国学者张小明也指出，在布尔一生中的大部分时间，他的研究工作都是围绕国际社会这个主题进行的。②

另一方面，布尔的学生约翰·文森特则认为，在布尔的著作中，军备控制的目标、澳大利亚对外政策的复杂性、超级大国的均衡、南非的改革、欧洲的复兴、第三世界的崛起等诸多问题都可以通过国际秩序的维持这一立足点得到解释。③ 罗伯特·奥尼尔（Robert O'Neill）和戴维·施瓦茨（David N. Schwartz）也指出，布尔的世界秩序概念远比其国际社会概念要广泛。④ 卡列维·霍尔斯蒂的看法是："布尔并不寻求创立一种国际政治理论，他只是要对其中的秩序问题进行探讨。"⑤ 约翰·威廉姆斯也指出："布尔正确地将秩序当作理解世界政治的核心问题，这一点永远不值得怀疑。"⑥ 罗伯特·艾森进一步指出，自20世纪50年代后半期，布尔就开始思考国际政治秩序的相关问题，这些问题在他以后的研究中占据了重要地位。⑦ 中国学者章前明的看法与此相似，他认为国际秩序是布尔

---

①　Kai Alderson and Andrew Hurrell, eds., Hedley Bull on International Society, p. Ⅶ.

②　张小明：《国际关系英国学派——历史、理论与中国观》，第63页。早在1959年发表的《裁军与国际体系》一文中，布尔就明确指出：今天的主权国家从文艺复兴时的欧洲继承了一个处理相互关系的有秩序的体系，这一体系可以称为国际社会。参见 Hedley Bull, "Disarmament and the International System", p. 27.

③　R. J. Vincent, "Order in World Politics", p. 38.

④　Robert O'Neill and David N. Schwartz, Hedley Bull on Arms Control, p. Ⅶ.

⑤　K. J. Holsti, "Theorising the Causes of Order", p. 143.

⑥　John Williams, "Order and Society", p. 33.

⑦　Robert Ayson, Hedley Bull and the Accommodation of Power, p. 31.

理论关注的重心。①

　　显然，社会和秩序是布尔思想中两个最重要的概念。关于二者之间的关系，笔者的判断是：一方面，这两个概念在布尔的思想中不是平行的，而是相互交织的。在《无政府社会》的"序言"中，布尔开宗明义："在本书中，我试图系统地阐述关于国际社会和国际秩序的观点，这观点我也曾在其他地方零星提及过。"② 另一方面，这两个概念在布尔的思想中是有主次之分的，至少在《无政府社会》中是这样。虽然布尔思想的关键术语是国际社会，但他思想的首要主题是世界秩序，他的研究是以秩序带社会的。

　　将秩序确定为布尔思想的基本或首要主题，并不是没有根据的。第一，布尔在《无政府社会》的"导论"中第一句话就说："本书探究世界政治中秩序的性质，尤其探究由主权国家组成的社会，世界政治中存在的秩序现在正是通过这一社会得以维持的。"③ 可见，秩序是布尔探讨的基本主题，而社会只是用以维持秩序的框架。第二，紧接着，布尔列出了他所要探讨的三个基本问题：什么是世界政治中的秩序？在当前由主权国家组成的体系中，秩序如何得以维持？由主权国家组成的体系仍然是一条通向世界秩序的可行之路吗？④ 显然，这三个问题都是直接与秩序相关的，布尔只是在界定国际秩序时才引出了国际社会的概念。第三，布尔并不迷恋国际社会，但他对世界秩序却"情有独钟"。布尔坦言："证明现代国际社会已经提供了某种程度的秩序，并不意味着其他形式的结构不能更有效地提供世界政治中的秩序。"⑤ 在《无政府社会》的第三部分，布尔探讨了通向世界秩序的其他道路。可见，布尔对世界秩序的坚持是始终如一的，而国际社会如果不能维持世界秩序则是可以被断然抛弃的。第四，虽然布尔直接论述世界秩序的思想体现在《无政府社会》等著述中，但他在其他方面的研究仍然未能偏离这一基本主题。他关于战略与军备控制的思想，是对世界秩序的具体领域的探究；他关于第三世界对西方的反抗的

---

　　①　章前明：《英国学派与新自由制度主义：两种制度理论》，载《浙江大学学报》（人文社会科学版）2008 年第 2 期，第 69 页。

　　②　Hedley Bull, *The Anarchical Society：A study of Order in World Politics*, p. ix.

　　③　Ibid., p. xi.

　　④　Ibid., p. xi.

　　⑤　Ibid., p. 52.

研究，是关于国际关系中的秩序与正义关系的探讨；他关于英美特殊关系、澳大利亚外交政策等地区和国别问题的探讨，是对世界秩序思想的具有时代性的案例研究。

除了秩序与社会，制度在布尔思想中也是占有重要地位的核心概念，而这一点往往为很多研究者所忽视。布尔在《无政府社会》中用了大约1/3 的篇幅来论述维持国际秩序的五种制度，并在其他著述中也多次涉及这一问题。正因为如此，菅波英美才用"制度主义者"来指称以布尔为代表的英格兰学派。①

由此看来，虽然布尔国际关系思想的范围非常广，核心概念也不止一个，但其思想的基本主题（或第一主题、首要主题、正主题）是明确的和一贯的，那就是世界秩序（或世界政治中的秩序、国际秩序）。国际社会无疑也是布尔思想的核心概念之一，但由于它只是处于为秩序提供实现框架的地位，因而只能成为布尔思想的第二主题（或副主题）。除此之外，鉴于国际制度的功能是在社会框架中维护秩序，可以认为它是布尔思想的第三主题。

---

① Hidemi Suganami, "The Structure of Institutionalism: An Anatomy of British Mainstream International Relations", *International Relations*, Vol. 7, 1983, p. 2363.

第二章　世界秩序的本质:三个目标

"赫德利·布尔对国际关系理论的贡献颇大，其中最重要的莫过于他对国家体系和国际社会概念的区分了。"

——亚当·沃森

研究世界秩序的著述丰硕，但存在着一个普遍的现象:多数研究者都不对这一研究对象进行明确的概念界定，而是直接论述某一时期或某一类型的世界秩序。虽然人们对世界秩序的某些因素似乎有所共识，但这并不意味着这一术语的含义是不言自明和没有争议的。

布尔研究世界秩序，首先从定义开始。而在界定和论证秩序的过程中，布尔引出了社会这一与秩序密切相关的概念。他写道:"秩序是国际关系历史记录的组成部分;特别是现代国家已经并将继续形成的，不仅是一个国家体系，而且是一个国家社会。"① 这里的逻辑似乎是:

问:世界政治中存在秩序吗?

答:存在，因为世界政治中存在社会。

由此，我们可以推断:(1)秩序＝社会;或(2)在世界政治中，秩序主要是靠社会要素来维持的。布尔并未将秩序等同于社会，因为他所说的秩序主要是目的性的，而社会则是功能性的。但布尔显然认为秩序要靠社会要素来维持，为此他举出了现代世界政治中存在社会要素的例证:绝大多数国家在绝大多数时候都遵守共处原则，参与共同制度的运作;即使在大规模战争或意识形态冲突的高潮期，国际社会思想仍然影响着国家行为，比如"二战"中的同盟国和轴心国，以及冷战中的美国和苏联。当

---

① Hedley Bull, *The Anarchical Society: A Study of Order in World Politics*, p. 24.

然，他也举出了一些世界政治中不存在社会要素的例证：成吉思汗的蒙古人与被征服民族之间；西班牙征服者与阿兹特克和印加帝国之间；基督教世界与伊斯兰世界之间。① 据此可以认为，社会要素只是世界政治的一个方面，它总是处于和其他要素相互竞争的状态。

在布尔看来，现代主权国家之间不仅形成了一个体系，而且形成了一个社会。在这一社会框架中，世界秩序可以得到维持。因此，布尔笔下的世界秩序，如同国内社会中的秩序和原始社会中的秩序一样，都是社会性的。换言之，布尔所说的是一种社会秩序。那么，这种社会秩序的本质特征是什么？它在世界政治中有哪些具体的表现形式？与此同时，其他一些相关的理论问题也在困扰着我们：体系与社会的区分究竟有多大？秩序与正义之间是否具有兼容性？

第一节　生命、诚信和财产权

在开始系统研究世界秩序时，布尔不仅明确界定了秩序、国际秩序、世界秩序等世界政治中的重要概念，而且对不同的秩序类型做了区分和比较。本节的述评一方面要表明，布尔确实是一位"下定义的高手"②；另一方面则要表明，布尔的定义和分类仍然存在一些需要进一步思考的地方。

一　社会生活中的秩序

霍布斯说过，语言的首要用处在于名词的正确定义，语言的首要滥用则在于错误的定义或没有定义，一切虚假或无意义的信条都是从这里来的。③ 作为一个严谨的学者，为了系统地研究世界秩序问题，布尔首先要做的便是对关键术语进行概念界定。

在《无政府社会》的"序言"中，作者写道："我把秩序看作一种特性，它可能存在于、也可能不存在于任何时间或地点的国际政治中，它可能在较大程度上、也可能在较小程度上表现出来；秩序是和无秩序相对

① Hedley Bull, *The Anarchical Society: A Study of Order in World Politics*, pp. 42 – 44.
② R. J. Vincent, "Order in World Politics", p. 42.
③ ［英］托马斯·霍布斯：《利维坦》，黎思复、黎廷弼译，商务印书馆 1985 年版，第 23 页。

的。"① 通观全书,布尔是用一些意义相近的词语来描述秩序的:形势或状况(situation or state of affairs);状态或状况(condition or state of affairs);模式或常规现象(pattern or regularity);安排(arrangement);布局(disposition);模式或布局(patterns or dispositions)。②

对比导论中所引各种词典的定义,布尔对秩序的理解好像并没有什么新颖别致之处。进一步考察他对秩序一般含义的说明,这种体会可能会更加强烈。"说一些放在一起的东西显得有秩序,其最简单、最一般的含义是:它们按照某种方式相互联系在一起,它们之间的关系不是纯粹偶然性的,而是包含某种明确原则的。"③布尔举例说,书架上的一排书是有秩序的,而地板上的一堆书则是无秩序的。不仅如此,布尔进一步指出:假如根据特定作者来查找一本书是有秩序的,那么根据特定主题来查找则可能是无秩序的。在这里,布尔所说的秩序与人们惯常的理解似乎并无二致:第一,事物处于各自合适的位置,是一种不混乱的状态;第二,它们之间的联系依据某种次序,包含某种原则。

然而,相同之处仅止于此。一进入社会生活领域,布尔的观点与传统的理解很快就分道扬镳了。"人们在社会生活中所寻求的秩序,并不是个人或团体关系中的任何模式或常规现象,而是导致某种特定结果的模式,是一种旨在实现特定目标或价值的社会生活安排。"④ 必须注意,"特定目标或价值"是布尔秩序概念中最具特色的内容,也是布尔秩序概念有别于其他学者相关思想的关键所在。虽然兰德尔·谢伟勒(Randall Schweller)把稳定性和可预见性视为世界秩序的基本特征⑤,但布尔区分了社会生活中的秩序与各种社会法则(social laws)的不同,说明可预见性并不是秩序的基本特征,无秩序也是可预见的。⑥ 据此,秩序的基本特征应当是其目的性,它是支撑社会生活基本目标的活动模式。

然而,仅从目的性这个意义上来理解,秩序只能是一个相对的概念。由于人们对于某种特定的社会安排是否代表秩序有不同看法,以至于相互

---

① Hedley Bull, *The Anarchical Society: A Study of Order in World Politics*, p. xi.
② Ibid. , pp. XII , 4 , 20 , 77.
③ Ibid. , p. 3.
④ Ibid. , p. 4.
⑤ 潘忠岐:《世界秩序:结构、机制与模式》,第14—15页。
⑥ Hedley Bull, *The Anarchical Society: A Study of Order in World Politics*, pp. 7 - 8.

冲突的社会和政治制度可能都代表着秩序。因此，必须从各种社会目标中区分出基本的或首要的目标，这些目标是社会生活本身的条件。

那么，这些目标是什么呢？布尔指出："第一，所有社会都努力确保生命在一定程度上免受导致死亡或身体伤害的暴力侵害。第二，所有社会都努力确保信守承诺或履行协议。第三，所有社会都在一定程度上努力确保物品所有权的稳定，使之免受无休止和无限制的挑战。"① 简而言之，生命（对暴力的限制）、诚信（协议的神圣性）和财产权（所有权的稳定性）是所有社会都努力确保的三个基本目标。由此，社会生活中的秩序便不难定义了：它是支撑生命、诚信和财产权这三个社会生活基本目标的人类活动模式。布尔声称："在所有社会中，秩序都是一种支撑基本的或首要的社会生活目标的行为模式。"②

社会生活五彩缤纷，人们追求的目标多种多样。那么，为什么单单将生命、诚信和财产权视为社会生活中基本的（elementary）、首要的（primary）和普遍的（universal）目标呢？布尔认为，之所以说这三个目标是基本的，是因为没有它们在某种程度上的存在，就无法形成社会；之所以说这三个目标是首要的，是因为没有它们在一定程度上的实现，就无法实现其他的社会目标；之所以说这三个目标是普遍的，是因为所有实际存在的社会似乎都很重视它们。③ 在理论上，布尔的论述是有道理的。在现实中，人们对上述三个目标在社会生活中的重要性也是有共识的。

但这就引出了一个疑问：秩序仅仅是一种事实，还是体现为一种价值？这是布尔思想中最令人困惑的问题之一。④ 在《无政府社会》的"导论"中，布尔强调："本书将秩序定义为一种实际的或可能的形势或状况，而非一种价值、目标或目的。因此，本书所探讨的秩序不会被认为是一个值得追求的目标，更不用说是压倒一切的目标了。"⑤ 可是，稍后他却写道："当然，我和大多数人一样，将秩序与价值相联系。如果我没有将世界政治中的秩序看成是一个值得追求的目标，那么我就不会认为它

---

① Hedley Bull, *The Anarchical Society: A Study of Order in World Politics*, pp. 4 – 5.

② Ibid. , p. 53.

③ Ibid. , pp. 5 – 6.

④ Andrew Hurrell, "The State of International Society", in Richard Little and John Williams, *The Anarchical Society in a Globalized World*, p. 193.

⑤ Hedley Bull, *The Anarchical Society: A Study of Order in World Politics*, p. XII.

是值得研究的。"① 在探讨秩序与正义的关系时，布尔指出："秩序不仅是世界政治中的一种实际的或可能的状态或状况，而且往往被认为是一种价值。然而，它并不是影响国际行为的唯一价值，也未必是压倒一切的价值。"② 但是，后来他又补充说："在本书中，我力图避免给'秩序'一词下一个'劝导性的定义'，以免对作为人类目标的秩序做出先入为主的价值判断。另一方面，我实际上坚持认为，秩序在人类事务中是值得追求的或有价值的，在世界政治中更是如此。"③

从布尔的表述来看，他在这方面似乎显得自相矛盾，至少是犹豫不决。但从布尔对秩序的定义来看，答案却是很明显的。如前所述，他所定义的秩序是支撑社会生活基本目标的人类活动模式。生命、诚信、财产权这三种事物不仅是有价值的，而且通常在人类生活的价值排序中居于前列。它们在一定程度上的存在，是其他价值实现的条件。由此推知，布尔不仅是将秩序视为一种价值，而且在多数情况下是一种应当优先考虑的价值。

既然如此，布尔为什么在实际表述中又如此摇摆不定呢？这可能与他所坚持的方法论立场有关。在事实与价值之间游移，说明他在社会科学的规范研究和实证研究之间有所动摇。一方面，他认为不存在绝对价值中立的社会科学研究；但另一方面，他又力图避免做出价值判断。但是，布尔的研究对象决定了他无法避免基本的价值判断。对此，卡列维·霍尔斯蒂的表述言简意赅："布尔的规范性假设是：秩序比无秩序更好。"④

二　世界政治中的秩序与世界秩序

布尔的代表作《无政府社会》的副标题是"世界政治中的秩序研究"（A Study of Order in World Politics），而此书中又频频出现"世界秩序"（world order）一词。那么，这两种表述是同一个意思，还是有所区别？直观的理解应该是，二者是从不同角度来看问题的。在社会科学的一般语境中，"世界秩序"中的"秩序"是名词，"世界"是限定秩序的形容词，意在说明秩序的地理范围是世界性的。当然，在英格兰学派的特殊语

① Hedley Bull, *The Anarchical Society*: *A Study of Order in World Politics*., p. XII.
② Ibid., p. 77.
③ Ibid., p. 96.
④ K. J. Holsti, "Theorising the Causes of Order", p. 128.

境中，"世界的"一般指其成员不限于主权国家，比如"世界社会"（world society）。

在"世界政治中的秩序"这一表述中，"世界政治"指的是研究领域或学科，而"秩序"指的是研究对象或主题。在这个意义上，它是与"社会生活中的秩序"相对而言的。我们知道，"世界政治中的某某"（something in world politics）或"国际关系中的某某"（something in international relations）是布尔常用的表述，比如他主编的一本著作名为"世界政治中的干涉"（Intervention in World Politics），他早期的一篇文章名为"国际关系中的社会与无政府状态"（Society and Anarchy in International Relations）。另一方面，"某某中的秩序"（order in something）或"某某中的正义"（justice in something）也是布尔常用的表述，比如《无政府社会》第二部分的标题为"当代国际体系中的秩序"（Order in the Contemporary International System），他在加拿大滑铁卢大学所做的演讲题目为"国际关系中的正义"（Justice in International Relations）。

然而，问题似乎并不这么简单。从《无政府社会》的全部内容来看，布尔对待"世界政治中的秩序"与"世界秩序"的态度并不是前后一贯的，而是在不同的地方采取了两种截然相反的做法。第一种是混用，第二种则是区分。让我们来具体分析一下。

关于两者混用的情况，主要表现在：第一，关于研究目的，布尔在导论中第一句话就说："本书探究世界政治中秩序的性质，尤其探究由主权国家组成的社会，世界政治中存在的秩序现在正是通过这一社会得以维持的。"① 稍后，他又写道："我写作此书的目的不是要提出某种解决方案，也不是要详细讨论某一特定的世界秩序构想或通向世界秩序的某一特定道路的优点。我的目的，或者至少是我有意识的目的，是对世界秩序及其前景进行纯学术的探究。"② 可见，从写作目的来看，布尔研究的是世界政治中的秩序，亦即世界秩序。第二，关于研究内容，布尔也做了说明："在此书中，我所关注的不是世界政治的整体，而是其中的一个要素：秩序。"③ 换言之，此书关注的是"世界政治中的秩序"。但他紧接着又说：

---

① Hedley Bull, *The Anarchical Society: A Study of Order in World Politics*, p. xi.
② Ibid. , p. xv.
③ Ibid. , p. xi.

"有时当我们谈及世界秩序（或当今世界秩序）时，我们头脑中所想到的是国家间关系的总和，即作为一个整体的国际政治体系。"① 这两句话之间没有任何转折或说明，可见布尔在这里所说的世界政治中的秩序和世界秩序是一个意思。第三，关于研究思路，布尔在第一章的开头便声称："我将首先解释社会生活中的秩序之一般含义，进而思考由国家组成的体系中的秩序和世界政治中的秩序之一般含义。"② 从布尔接下来的论述看，他依次阐述了"社会生活中的秩序""国际秩序"和"世界秩序"。从中可以看出，布尔所说的世界政治中的秩序与世界秩序是同义词。第四，布尔在定义社会生活中的秩序和国际秩序时，用的都是单数的"模式"（a pattern）；但在定义世界秩序时，用的则是复数的"模式"（patterns）。由此可以推知，世界秩序即是世界政治中的秩序，它的具体表现形式不一而足，而国际秩序只是其中的一种形式。

关于两者区分的情况，主要表现在：第一，世界政治中的秩序包括国际秩序和世界秩序。例如，布尔在导论中写道："的确，有时人们认为……世界政治中根本不存在像秩序这样的东西，我们所说的国际秩序或世界秩序仅仅属于未来……"③ 换句话说，认为世界政治中不存在秩序，也就意味着不存在国际秩序或世界秩序。又如，在探讨了世界正义与国际秩序不兼容之后，布尔写道："如果有一个既能提供世界正义又能提供世界秩序的世界社会或世界主义社会的话，那么世界正义或许能够最终与世界秩序兼容。"④ 世界正义不能与国际秩序兼容，但可能与世界秩序兼容，这就说明世界政治中的秩序是包含国际秩序和世界秩序的。第二，世界政治中的秩序包括国内秩序、国际秩序和世界秩序。"或许有朝一日，世界政治中的秩序会表现为对单一世界社会或全人类大社会中社会生活基本目标的追求。……在现阶段，我们仍然习惯于认为世界政治中的秩序由国内秩序（国家内部的秩序）和国际秩序（国家之间的秩序）构成。"⑤ 这段话似乎在暗示，世界政治中的秩序可以有国内秩序、国际秩序和世界秩序三种形式，尽管第三种形式在现阶段并不存在。

---

① Hedley Bull, *The Anarchical Society: A Study of Order in World Politics*, p. xi.
② Ibid., p. 3.
③ Ibid., p. xi.
④ Ibid., p. 88.
⑤ Ibid., p. 23.

　　既然如此，那我们应当如何来理解布尔著述中的"世界政治中的秩序"与"世界秩序"呢？笔者认为，对布尔的世界秩序概念进行广义和狭义的区分是有益的。具体而言，广义的世界秩序与世界政治中的秩序是同一个意思，包括全人类大社会中的秩序、国际秩序和国内秩序①，但当前在世界政治中主要表现为国际秩序；而狭义的世界秩序则是全人类大社会的秩序，与国际秩序相对而言。从实践来看，广义的世界秩序在人类历史的过去和现在都存在，而狭义的世界秩序只属于未来。我觉得，这种区分并没有歪曲布尔的原意，因为他在其他著作和文章中所使用的秩序有时就是指国际秩序，有时则更加宽泛。另一方面，这种区分也没有偏离布尔的研究风格。因为在布尔的著述中，有时同一个术语在不同的语境下具有不同的含义。比如他承认，自己是在两个意义上使用"格劳秀斯式的"（Grotian）这个词语的：第一，把它视为关于国际社会的一个广义概念；第二，用来描述国际社会的连带主义形式。②

　　本书研究布尔思想，之所以使用"世界秩序"而非"世界政治中的秩序"这一表述，原因在于：第一，鉴于布尔著述中广义的"世界秩序"与"世界政治中的秩序"是同义词，采用前一术语就是为了表达简洁；第二，鉴于相关领域的研究者多使用"世界秩序"一词，采用这一术语也是为了便于比较。

三　国际秩序与世界秩序

　　在国际关系研究中，多数学者并不严格区分国际秩序与世界秩序，在行文中常常将二者混用。比如，亨利·基辛格在《外交》一书中就将"世界秩序""国际秩序"和"国际体系"三词混用。③ 但是，也有些学者区分了国际秩序与世界秩序，并指出了二者的关系。"国际秩序是世界秩序的有机组成部分，是世界秩序的核心，但绝不是其全部内容。从严格

---

①　布尔还曾提到，世界秩序包括世界政治体系内部的秩序，而国家体系只是世界政治体系中的一部分。Hedley Bull, *The Anarchical Society: A Study of Order in World Politics*, p. 22.

②　Ibid., p. 322.

③　Henry Kissinger, *Diplomacy*, New York: Simon and Schuster, 1994, esp. Ch. 1 and Ch. 31. 然而，正如本书导论所述，基辛格在后来的《世界秩序》一书中对世界秩序、国际秩序和地区秩序的概念进行了区分。

的学术角度讲,既不能把二者等同起来,也不应当把它们对立起来。"①
国玉奇和丘德诺夫认为,国际秩序和世界秩序有着共同的基础,包括国际
经济交流、科技成就、政治结构和利益以及社会文化价值等。

在这方面,布尔的观点是明确的,即对二者进行区分。"我所说的国
际秩序,是指支撑国家社会(或国际社会)的基本或首要目标的活动模
式。"② 这些基本的、首要的或普遍的目标包括:(1)维持国家体系或社
会本身的存在。(2)维护国家的独立或对外主权,但是这一目标要从属
于第一个目标。(3)和平,即没有战争的状态是国际社会的惯常状态,
这一目标又要从属于前两个目标。(4)对暴力的限制,对承诺的遵守,
以及所有权的稳定性。③ 那么,什么是世界秩序呢?布尔写道:"我所说
的世界秩序,是指那些支撑整个人类社会生活的基本或首要目标的人类活
动模式或布局。"④

对比布尔对国际秩序和世界秩序的定义,我们不难发现一个有趣的现
象:在界定世界秩序时,他只是用生命、诚信和财产权这三个社会生活基
本目标,而且没有高低贵贱之分;而在界定国际秩序时,他不仅加上了三
个新的目标,而且有高低贵贱之分。从中可以推断:世界秩序与国际秩序
之间不是并列关系,而是包含关系。因为布尔用以界定世界秩序的三个目
标是所有社会都认可和追求的,而国际秩序作为世界秩序的一种形式,既
具有世界秩序的一般性,也具有自身的特殊性。

布尔虽然对国际秩序与世界秩序的关系着墨不多,但十分精彩:世界
秩序比国际秩序更广泛,更基础、更根本,并且在道义上优先于国际秩
序。更广泛,是因为世界秩序不仅包括国家间的秩序,而且包括国内秩序
和世界政治体系(国家体系只是其中的一部分)内部的秩序。更基础、
更根本,是因为人类大社会的终极单位不是国家,而是个人。人类是长久
存在和不可毁灭的(permanent and indestructible),而这种或那种团体则
并非如此。在道义上优先于国际秩序,是因为全人类的秩序是最有价值

① 国玉奇、В. П. 丘德诺夫:《地缘政治学与世界秩序》,重庆出版社 2007 年版,第
293 页。
② Hedley Bull, *The Anarchical Society: A Study of Order in World Politics*, p. 8.
③ Ibid., pp. 16 – 19.
④ Ibid., p. 20.

的，而国际社会中的秩序只是实现全人类秩序的工具。①

布尔对国际秩序与世界秩序的区分意义何在？笔者的理解是：第一，由于世界秩序与国际秩序是一种包含与被包含的关系，而不是非此即彼的关系，这样就既不会把研究世界秩序与研究国际秩序的学者对立起来，又有助于他们自由选择自己的研究范围和兴趣领域。第二，由于世界秩序在目标设定上比国际秩序更高级，在实现道路上比国际秩序更漫长，这就有助于我们思考在现实的世界政治中能够维持何种秩序，以及在未来的世界政治中应当建立何种秩序。

第二节　体系与社会：无用的二分论？

和秩序一样，社会也是理解布尔思想的一个核心概念。但与秩序不同的是，布尔并没有首先探讨社会的一般含义，然后依次探讨国际社会和世界社会的含义。他的做法直截了当：在界定国际秩序时引出国际社会的概念，在与国际体系的区分中突出国际社会的特征。这就带来了一个问题：对国际体系与国际社会的区分到底有没有必要，有没有意义？本节将比较分析布尔和其他学者的观点，并给出自己的判断。

一　国际体系与国际社会

同多数国际关系学者一样，布尔认为国际关系研究的起点是国家的存在，而国家拥有对内主权（internal sovereignty）和对外主权（external sovereignty）。如此定义的国家包括古希腊的城邦和意大利文艺复兴时期的城市国家，以及现代民族国家。但也有很多独立政治共同体不属于国家的范畴，比如黑暗时代的日耳曼人建立的独立政治共同体，中世纪西方基督教世界的王国和公国，以及非洲、澳大利亚和大洋洲的某些地方在欧洲人侵入之前建立的、基于血缘或亲属关系的独立政治共同体。② 这里有个问题：中国战国时期的各诸侯国是否也可以包含在国家的范畴之中呢？布尔在探讨国际社会时认为，中国战国时代的国际体系属于国际社会。③ 考虑

---

① Hedley Bull, *The Anarchical Society: A Study of Order in World Politics*, p. 22.
② Ibid. , pp. 8 – 9.
③ Ibid. , p. 16.

到国际体系和国际社会是以国家的存在为前提的，可以推知布尔实际上承认中国战国时代的诸侯国属于国家的范畴。

那么，主权国家之间的关系如何？这有两种基本模式：一种是国际体系，另一种是国际社会。布尔正是在对比国际体系和国际社会这两个概念中使国际社会的内涵得到清晰表达的。什么是国际体系？"当两个或两个以上的国家之间有足够交往，对彼此的决策有足够影响，从而使得它们（至少在一定程度上）作为一个整体的组成部分来行为时，国家体系（或国际体系）就形成了。"① 从这个定义来看，形成国际体系的关键因素有两个：一是国家之间存在频繁互动，二是相互能够影响对方的决策。在布尔看来，这种互动和影响可能是直接的，比如两个国家相邻，或为同一个目标而竞争，或在共同的事业中合作；也可能是间接的，比如一国与第三方的交往可能对另一国产生影响，或一国对整个体系的影响可能波及另一国。②

那么，什么又是国际社会呢？"当一组国家意识到它们具有特定的共同利益和价值观念，从而组成一个社会，即它们认为在彼此关系中受到一套共同规则的约束，并且一起运作共同制度时，国家社会（或国际社会）就出现了。"③ 在这个定义中，利益、规则和制度居于重要地位，而且利益是规则和制度的前提。只有当国家认识到它们之间具有共同的利益和价值观念时，才愿意接受共同规则并运作共同制度。布尔举了规则的例子，比如应当彼此尊重对方的独立诉求，承认业已达成的协议，在相互使用武力方面受到某些限制。他也举了制度的例子，比如国际法程序的步骤，外交机制和一般性国际组织，以及有关战争的习俗和惯例。事实上，正是利益、规则和制度构成了国际体系与国际社会的根本区别。对此，斯坦利·霍夫曼的概括简明扼要：体系指国家之间的接触和一国对他国的影响；社会指共同利益和价值观念，以及共同规则和制度。④

国际体系与国际社会之间是什么关系？布尔认为，国际社会是以国际体系的存在为前提的，但国际体系可以在没有国际社会的情况下存在。对此，布尔举了四个例子加以说明（这些例子在一定程度上有所重叠）。案

---

① Hedley Bull, *The Anarchical Society: A Study of Order in World Politics*, pp. 9 – 10.
② Ibid., p. 10.
③ Ibid., p. 13.
④ Stanley Hoffmann, "International Society", p. 22.

例一：土耳其、中国、日本、朝鲜和暹罗在成为欧洲主导下的国际社会的组成部分之前，就已经是欧洲主导下的国际体系的组成部分；案例二：土耳其从 16 世纪兴起之时就成为欧洲主导下的国际体系的一员，但直到 1856 年《巴黎和约》签订之后才被接纳为国际社会的成员；案例三：波斯和迦太基与希腊各城邦同属于一个国际体系，但它们不是希腊国际社会的组成部分　案例四：16 世纪到 19 世纪末的欧洲与非欧洲国家同处于一个国际体系中，但不属于一个国际社会。①

从中，我们似乎可以得出以下判断：第一，布尔所说的国际社会是一个特定的学术概念，其含义既不同于中文语境中的国际社会概念②，也有别于其他一些英格兰学派学者对这一术语的理解③；第二，国际体系从时间上看早于国际社会，从逻辑上看是国际社会产生的前提；第三，从历史上看，当国际体系中的社会要素（共同利益和价值观念，以及共同规则和制度）增长到一定程度时，国际社会就出现了。

二 对体系/社会二分论的质疑

布尔对国际体系和国际社会的区分是否必要，是否合理？学界存在两派截然对立的见点：一派认为这一区分不仅合理，而且是对国际关系理论的重大贡献；另一派则质疑这种区分的必要性和合理性，认为其意义不大。有的学者则一方面承认这一区分的重要性，另一方面则就一些具体案例和论断提出质疑。接下来就让我们首先通过三个历史案例，看看亚当·沃森是如何质疑布尔的体系与社会二分论的④。

第一个例子是奥斯曼帝国与欧洲的交往。一方面，自 16 世纪以来，奥斯曼帝国与欧洲的战争和贸易往来频繁；它还曾一度与法国结盟反对哈布斯堡王朝，从而使得双方都是彼此对外政策中必须要考虑的重要因素。另一方面，奥斯曼帝国并未参加决定欧洲权力格局的威斯特伐利亚和会、

---

① Hedley Bull, *The Anarchical Society: A Study of Order in World Politics*, pp. 13 – 15.

② 有学者认为，布尔的国际社会概念与中文的国际共同体概念内涵一致。笔者认为这一观点值得商榷，因为布尔笔下的国际社会偏向于多元主义，而非连带主义。参见刘丰、张睿壮《关于几个重要国际关系术语中文译法的讨论》，载《世界经济与政治》2004 年第 10 期，第 70 页。

③ 例如，马丁-怀特对国际社会概念的界定和使用与布尔有所不同，参见 Martin Wight, *Systems of States*, Leicester: Leicester University Press, 1977。

④ Adam Watson, "Hedley Bull, States Systems and International Societies", *Review of International Studies*, Vol. 13, 1987, pp. 147 – 150.

乌德勒支和会和维也纳和会，直到 1856 年克里米亚战争结束之后才被正式接纳为欧洲国际社会的一员。从这个意义上说，布尔的体系与社会二分论是有效的。但是，奥斯曼帝国在与欧洲的交往过程中遵守一些规则，涉及贸易以及欧洲公民在奥斯曼帝国的居住等方面。这些规则都是明文详细规定的，还会经常加以修正。而且，奥斯曼帝国也参与运作欧洲的外交机制，在有些方面还帮助形成了这种机制。例如，它同意欧洲国家在帝国境内开设领事馆，还曾在卡洛维兹（Karlowitz）会议（1698—1699）上接受英格兰和荷兰使团对奥斯曼帝国与神圣罗马帝国之间战争的调停。从这个意义上说，布尔对体系与社会的区分似乎又是无效的。

第二个例子是 1776 年至 19 世纪期间欧洲与美洲的交往。美洲新独立的国家将自己看作欧洲大家庭的成员，他们与欧洲国家互派使节，遵守条约规定，同为海牙特别法庭（the Hague Tribunal）等国际组织的成员。但是，这些美洲国家（巴西除外）对欧洲政治体系的核心几乎没有影响。所以，欧洲与美洲国家之间形成了一个国际社会，但并没有形成国际体系。这显然与布尔的逻辑背道而驰，他认为国际体系是国际社会存在的前提。

第三个例子是全球性国际社会的构成。按照布尔的观点，全球性国际社会中成员身份认定的一个标准应该是是否成为全球性国际组织的成员。然而，在国际联盟的历史上，美国、苏联、德国和日本这四个主要国家都不曾是其成员，难道它们就不属于国际社会吗？在联合国的历史上，中国大陆和瑞士曾长期不是其成员，难道它们就处于国际社会之外吗？所以，全球性国际组织的成员身份不能被当作参与当今国际社会的标准或必要条件。

除了历史分析外，沃森还提出了两个理论问题，并给出了尝试性的答案。第一，如果没有诸如对商业合同的尊重、使节的豁免权以及军事行动的同步性这些调控性的规则和制度的话，国际体系怎么能够运作？所以说，在国际体系中也肯定存在着起码的规则和制度，否则国家之间便无法交往。① 第二，布尔所定义的国际社会是具有共同价值观念的：当体系中的共同规则和制度发展到一定程度，以至于成员意识到它们之间具有共同价值观念时，国际体系就变成了国际社会。但是，在欧洲向全球扩张、国

① Adam Watson, *Hegemony and History*, pp. 32 – 33.

际体系向国际社会转变的过程中，跨文化的共同价值观是如何形成的？在19世纪，非西方国家接受西方的"文明标准"（the standard of "civilization"），是利益驱使和压力作用的结果。在今天的世界上，如若没有共同的价值观念，难道我们不应该更诚实地说，这是一个伪装成国际社会的国际体系吗？①

同为英格兰学派重要成员的艾伦·詹姆斯认同沃森从规则方面对体系与社会二分论的质疑，并且强调在国际体系中也存在规则，布尔本人有时也意识到这一点。他进一步指出："布尔对体系和社会的区分没有实质意义。他承认互动是二者所共有的。但是，互动需要规则和沟通，并且反映某些共同利益。"②

对体系与社会的区分没有意义，并不意味着社会概念本身没有价值。恰恰相反，詹姆斯认为，在说明国家的集体性时"社会"比"体系"更可取。究其原因，主要有六个方面。从语法上讲，"社会"比"体系"更有弹性；从两词在学术作品中的实际使用来看，没有证据表明"体系"比"社会"更受欢迎；国家之间存在充分的共同性，"社会"比"体系"更能凸显群体中的合作因素；国家是由个人组成的，个人（比如代表国家谈判的外交官或为国作战的战士）之间的关系具有社会性；"社会"体现了成员意志的因素，社会中的法律规则可以被成员打破，但体系中的规则（比如万有引力规则）不能被打破；社会是一个排他性的实体（对成员资格有要求），国家之间相互承认主权是社会因素的体现。③

三　对体系/社会二分论的支持

上述观点虽然论证有力，但尚不足以否定布尔的体系/社会二分论的有效性。针对沃森和詹姆斯的看法，结合布尔本人和其他学者的论述，我们可以尝试做出一些回应。

第一，布尔承认有一些案例介于体系与社会之间，二者之间存在灰色地带。④ 实际上，社会科学中的任何两对概念之间都不可能是泾渭分明、非此即彼的，边界的模糊性并不能否认区分的重要性。就拿布尔和沃森都

---

① Adam Watson, "Hedley Bull, States Systems and International Societies", pp. 150 – 152.
② Alan James, "System or Society?" p. 276.
③ Ibid. , pp. 278 – 286.
④ Hedley Bull, *The Anarchical Society: A Study of Order in World Politics*, p. 15.

举的两个例子来说。布尔认为欧洲国家与奥斯曼帝国之间的交往不属于国际社会，因为双方都认为它们之间达成的协议没有约束力，二者也没有进行合作以构建欧洲国际社会内部的那种共同制度。但沃森认为它们在相互关系中遵守一些规则，并一起运作外交制度。其实两方面的证据都可以找到，有些证据则存在于二者之间。比如奥斯曼帝国接受欧洲国家派来的常驻使节，却迟迟不往欧洲国家派遣常驻使节。关于欧洲国家与美洲国家之间的关系，布尔认为二者之间存在贸易、战争、媾和、结盟等相互关系，但并没有形成共同利益观念，因而属于一个体系而不属于一个社会。沃森恰恰相反，认为它们之间互派使节，签订条约，但由于美洲国家对欧洲的影响很小，因而属于一个社会而不属于一个体系。同样，答案出自于持中。尽管欧美国家之间交往频繁，但后者确实对前者影响甚微。另一方面，二者之间虽然存在一些共同规则和制度，但双方都没有认识到它们之间的共同利益（比如条约的神圣性和遵约的互惠性）。

第二，布尔对国际社会的定义中最本质的是共同利益，其次才是规则和制度。斯坦利·霍夫曼指出，在面对"一个缺乏共同文化的全球性国际社会能否存在？"这一问题时，布尔的回答是肯定的，因为国家之间具有共同利益。[1] 卡列维·霍尔斯蒂更是明确指出，用以维持体系的、有意识或无意识的共同利益（而非规则）是区分体系与社会的关键变量。[2] 安德鲁·林克莱特也认为，共享的利益是国际社会的最终基础。[3] 可见，在布尔对体系与社会的区分中，共同利益具有最重要的地位。那种认为规则是区分体系与社会的主要标准，从而否定布尔的体系与社会二分论的看法，是值得商榷的。

第三，规则和制度是有程度之分的。布尔承认，国际体系在哪个点上会变成国际社会是很难判断的：有多少国家接受共同规则和制度？哪些规则和制度是本质性的？国家仅仅是在口头上接受这些规则，还是在行动上严格遵守这些规则，抑或是在逃避规则之时也有遵守规则的意愿？[4] 这样看来，国际体系与国际社会的区分主要是"度"的问题：当国际体系中

---

① Stanley Hoffmann, "International Society", p. 26.

② K. J. Holsti, "Theorising the Causes of Order", p. 131.

③ Andrew Linklater, "The English School", in Scott Burchill, ed., *Theories of International Relations*, Fourth Edition, Basingstoke: Palgrave, 2009, p. 93.

④ Hedley Bull, *The Anarchical Society: A Study of Order in World Politics*, pp. 249 – 250.

的社会要素发展到一定"点"的时候，就会形成国际社会。当然，这里的"点"不是几何学上的点，人们只有通过观察国际关系实践才能做出判断。另外，将国际组织中的成员身份当作确定国际社会的标准，这似乎并非布尔强调的重点。我们不应忘记，他曾借用马丁·怀特的话，将国际组织斥为"假制度"。

第四，共同价值观念并不是必需的。当欧洲国际社会扩展到全球范围时，面临的一个重要问题就是在多元文化的世界上如何维持秩序。只有从共同利益、规则和制度这一功能性的视角出发，才能找到合适的途径。事实上，沃森也承认，在布尔对国际社会的定义中，共享的价值观念并不是最本质的。[1] 布尔很可能认同这一点，因为当他后来和沃森共同主编《国际社会的扩展》这一英格兰学派的经典文集时，两位学者对国际社会的定义中就没有出现"共同价值观念"的表述。[2]

上述分析表明：一方面，体系是包含社会的。在这种情况下，如果不是要特别强调某一方面的话，那么将国际体系与国际社会混用或者统一使用国际体系都没有问题。另一方面，社会比体系的含义狭窄，所以在只有体系要素而没有社会要素存在的情况下，或者要特意强调体系中的社会要素时，这种区分就有必要、有意义。毕竟，它为我们提供了一个观察国际现象的有效视角。布尔正是通过对国际体系与国际社会的区分，使得国际关系中的社会要素凸显出来。他本人对世界秩序的论述正是建立在这一基础之上的，后来英格兰学派学者的理论建构大多也是围绕国际社会这一概念展开的。这样一来，我们就不难理解沃森的下述观点了："赫德利·布尔对国际关系理论的贡献颇大，其中最重要的莫过于他对国家体系和国际社会概念的区分了。"[3]

第三节　秩序与正义：怪异的二分论？

在布尔的思想中，有一个概念总是如影随形地和秩序缠绕在一起，那

---

　① Adam Watson, *Hegemony and History*, p. 35.

　② "我们所说的国际社会是指一组国家（或者更一般地讲，一组独立政治共同体）不仅形成了一个体系，即彼此的行为都会成为对方必须考虑的因素，而且通过对话和一致同意建立了适用于相互关系的共同规则和制度，并认识到它们在维持这些安排方面具有共同利益。" Hedley Bull and Adam Watson, eds., *The Expansion of International Society*, Oxford: Clarendon, 1984, p. 1.

　③ Adam Watson, "Hedley Bull, States Systems and International Societies", p. 147.

就是正义。布尔专门探讨正义问题的著述主要有：1971 年发表的《国际社会中的秩序与正义》，此文后经修改成为《无政府社会》中的一章；1981 年发表的《对西方的反抗》，1984 年出版的《国际社会的扩展》中收录了与此同名但内容有所不同的文章；1983—1984 年在加拿大滑铁卢大学所做的"哈格演讲"，题目是"国际关系中的正义"。[①]

在这些著述中，布尔主要讨论了正义的概念、秩序与正义的关系以及第三世界的正义需求。这种探讨一方面丰富了布尔的世界秩序思想，另一方面也引起了一些疑问。一种比较普遍的看法是，秩序与正义是一种怪异的二分论。人们不禁要问：世界政治中存在多种价值，为什么单将正义挑出来和秩序进行比较？秩序和正义之间就一定是并列关系，而不是包含关系吗？在价值排序上，秩序是否在通常情况下优先于正义？

一 可比性

如同研究秩序一样，布尔对正义的研究也是从定义开始的。但与秩序不同的是，他并没有给正义下一个自己的定义，而是追随亚里士多德，将其看作"正当的行为"（right conduct）[②]。然后，布尔综述了学界对正义的分类：一般正义与特殊正义；实质正义与形式正义；算数正义与相称正义；交换正义与分配正义。然而，布尔并没有仅仅停留在以往学者对正义的类型划分上。他根据被赋予道德权利和义务的主体，将世界政治中的正义分为：（1）民族间正义或国家间正义（international or interstate justice）[③]，主体是民族或国家；（2）个人正义或人的正义（individual or human justice），主体是个人；（3）世界主义正义或世界正义（cosmopolitan or world justice），基本成员是个人，但是从世界公益（world common good）的角度考虑问题。对于三种正义，人们的关注程度是不一样的。

---

① Hedley Bull, "Order vs. Justice in International Society", *Political Studies*, Vol. 19, No. 3, 1971, pp. 269 – 283; Hedley Bull, "The Revolt against the West", in M. S. Rajan and Shivaji Ganguly, eds., *Great Power Relations, World Order and the Third World: Essays in Memory of Sisir Gupta*, New Delhi: Vikas Publishing House, 1981; Hedley Bull, "Justice in International Relaitions", in Kai Alderson and Andrew Hurrell, eds., *Hedley Bull on International Society*, pp. 207 – 245.

② Hedley Bull, "Justice in International Relaitions", p. 208.

③ 根据上下文，这里的"international"指的是"民族间"而非"国际"。其他学者也注意到了布尔对民族间正义和国家间正义的区分，参见 Martin Griffiths, *Realism, Idealism and International Politics*, London: Routledge, 1992, p. 134。

"在国家是主要行为体的当前世界政治条件下，如果说国家间正义或民族间正义的思想在日常讨论中占据主导地位，而个人正义的思想占据次要地位的话，那么世界正义的思想则几乎没有任何地位。"①

在对正义的定义和类型进行一番考察后，接下来就应该将其与秩序做一番比较了。但众所周知，在世界政治中，存在着各不相同、有时甚至是互相排斥，但又都是值得追求的价值。罗伯特·杰克逊和乔格·索伦森（Georg Sørensen）指出："通常来说，我们指望国家维护的基本的社会价值至少有五种：安全、自由、秩序、正义和福利。"② 理论上讲，对这些价值中的任何两种进行比较都是可行的，而且是有意义的。那么，在研究世界政治时，布尔为什么单单挑出正义这种价值来和秩序进行比较分析呢？为什么不是秩序与自由，或者秩序与福利呢？例如，亚当·沃森在探讨国际社会的演进时，就是将秩序与独立作为对立面来论述的。他的观点是："在国家体系中，对秩序的渴望与对独立的渴望之间存在着不可避免的张力。"③ 笔者以为，布尔将秩序与正义作为一种二分论，原因恐怕既有主观方面的，也有客观方面的。

20 世纪六七十年代，民族解放浪潮风起云涌，亚洲、非洲和拉丁美洲的一批殖民地纷纷宣布独立。它们一方面要维护自己的独立地位，另一方面要争取财富、资源和权力的再分配。布尔显然没有忽视这一重要现象。"如今人们常说，西方大国为了给自己的政策寻找合法性而表现出秩序是它们主要关心的东西，第三世界国家主要关心的则是在世界共同体中如何实现正义，即便为此付出无秩序的代价也在所不惜。"④ 可以看出，布尔的秩序/正义二分论的由来是出于政策导向性的原因。

当然，这个问题之所以在布尔而非其他英格兰学派学者那里显得特别突出，也是与布尔本人的身世和经历有关系的。由于布尔本人出生于澳大利亚，并曾在印度、中国等第三世界国家访问游学，因而能够对第三世界国家的正义诉求感同身受。从布尔对非西方国家反抗西方主导地位的态度

① Hedley Bull, *The Anarchical Society*: *A Study of Order in World Politics*, p. 85.

② ［加拿大］罗伯特·杰克逊、［丹］乔格·索伦森：《国际关系学理论与方法》，吴勇、宋德星译，天津人民出版社 2003 年版，第 4 页。

③ Adam Watson, *The Evolution of International Society*: *A Comparative Historical Analysis*, London; New York: Routledge, 1992, p. 14.

④ Hedley Bull, *The Anarchical Society*: *A Study of Order in World Politics*, p. 77.

来看,他显然表现出了相当程度的理解和同情。

二 兼容性

关于秩序与正义的关系,布尔的基本判断是:国际秩序框架与世界正义的需求完全不兼容,政府是人类特定群体利益的庇护所,这使得它们很难联合起来追求人类共同利益;国际秩序与个人正义的需求有选择地、部分地兼容,国际社会有选择地支持个人权利,同时努力阻止人权挑战国家主权;国际秩序与国家间正义的需求有限地兼容,虽然国家间正义的思想能够增强国家间共处协约的效力,但是均势等国际制度在发挥作用时往往背离一般的正义理念。①

问题在于,要判断秩序与正义是否兼容,首先要确定二者是并列关系还是包含关系。如果是包含关系,那么探讨二者的兼容性就没有意义。伊恩·哈里斯(Ian Harris)认为,从布尔的观点来理解,正义是秩序的构成要素:第一,那些用来定义秩序的目标(生命、诚信和财产权)是可以被正义地(justly)追求的;第二,为实现这些目标而做出的安排也维持着正义;第三,承认某事物(比如正义)是有价值的,那么使得此事物得以存在的的条件(比如秩序)也就是有价值的。在他看来,如果正义是秩序的构成要素,那么秩序与正义的关系就不是布尔所说的那样直接对立。②

哈里斯的观点看起来饶有兴趣,可惜推论有点过了。秩序是正义的条件,二者可以同在一个合适的框架中实现,这只能说明秩序和正义在一定程度上是相辅相成和互相渗透的,并不能说明正义就是秩序的构成要素。换句话说,秩序与正义作为两种价值,相互之间是并列关系,而且是可以兼容的。在现实生活中,人们既可以追求有正义内涵的秩序,也可以追求有秩序内涵的正义,但这并不意味着秩序和正义就可以合二为一。

三 优先性

在秩序和正义的优先性问题上,布尔总结了三种典型的学说:

---

① Hedley Bull, *The Anarchical Society: A Study of Order in World Politics*, pp. 88 – 93.

② Ian Harris, "Order and Justice in 'The Anarchical Society'", *International Affairs*, Vol. 69, No. 4, 1993, p. 732.

（1）保守的或正统的观点，认为二者有内在冲突，但秩序优先于正义；（2）革命的观点，认为二者有内在冲突，但正义优先于秩序；（3）自由主义的或进步主义的观点，勉强承认二者之间会有某种必然冲突，但不断寻找办法来加以调和。① 布尔本人的观点是：维护秩序的需求和促进正义变革的需求之间并非总是相互排斥的，二者有时是可以彼此调和的。

既然秩序与正义并非在任何情况下都可以调和，那就存在一个价值排序的问题。在布尔看来，如果二者之间要有所取舍的话，那么秩序在一般情况下应当优先于正义。原因在于，一定程度的秩序是正义等其他价值得以实现的前提条件。"事实上，不管何种形式的正义，只有在秩序的情景中才能够实现。换言之，只有当存在一种能够在某种程度上提供社会生活的基本或首要目标的社会活动模式时，更高级的（advanced）或次一级的（secondary）目标才会有所保障。"② 比如说，在核时代，防止核扩散是各国生存和发展的重要条件，无核国家的核正义需求就不能得到满足。③ 虽然秩序是其他价值实现的条件，但布尔并不认为秩序在任何情况下都优先于正义。况且，没有正义支撑的秩序也是不会长久的。

总的看来，布尔在这方面的观点存在一定程度的模糊性和伸缩性。一方面，秩序在通常情况下优先于正义；另一方面，秩序并非在任何情况下都优先于正义。尽管如此，我们还是可以确定，布尔实际上是重秩序而轻正义的。如前所述，他用生命、诚信和财产权这三个基本目标来界定秩序，本身就是将秩序置于一种价值排序的金字塔的顶端。从他的具体论述来看，秩序也是首先应当考虑的问题。从这个意义上讲，布尔对待秩序与正义是有主次之分的，是一种不平衡的二分论。

那么，布尔为什么重秩序而轻正义？有学者认为，正义属于伦理的范畴，而布尔并没有对国际社会进行伦理思考。④ 笔者以为，在探讨这一问题时有两点不应忽视：第一，布尔写作的年代正是美苏冷战以及核军备竞赛的时期，国际社会面临无秩序的威胁；第二，在布尔的写作计划中，正义作为秩序的后续主题是要另写一本书的，只是因为布尔英年早逝才没有完成。

---

① Hedley Bull, *The Anarchical Society: A Study of Order in World Politics*, pp. 93 – 94.
② Ibid. , p. 86.
③ Hedley Bull, "Justice in International Relaitions", pp. 218 – 219.
④ Ian Harris, "Order and Justice in 'The Anarchical Society'", pp. 737 – 739.

第三章　世界秩序的本质:比较分析

"我常常在想:睁大眼睛四下张望,国际社会这一概念究竟包含些什么呢? 我真的觉得什么也没有。"

——肯尼思·华尔兹

在研究布尔的世界秩序时,有必要与法国学者雷蒙·阿隆的思想进行比较。阿隆是法国著名的社会学家、哲学家和政治学家,在历史学、经济学和国际关系学领域也有很高的造诣。在阿隆的著述中,包括世界秩序在内的国际关系理论和现实问题占据了相当大的篇幅。阿隆在"世界秩序的条件"专题研讨会上的发言、论文《无政府的权力秩序》和专著《和平与战争》,集中代表了他的世界秩序思想。

在布尔眼里,阿隆既是学术同仁,也是学界前辈。布尔年轻时曾经参加过由阿隆主持的学术研讨会①,也曾为《和平与战争》写了一篇书评②。此外,布尔在自己的著述中多次提到阿隆,对他的一些观点表示了赞同。可见,阿隆对布尔的国际关系思想是有影响的。

从基本观点来看,布尔笔下的世界秩序是一种社会秩序,强调秩序的社会性;而阿隆则从社会学的角度探讨世界秩序,并指出了其中的非社会性。因此,两种思想存在较大的可比性,而这种比较也有助于我们进一步认识布尔世界秩序思想的一般性和特殊性、合理性和局限性。

---

① Stanley Hoffmann, "International Society", pp. 27 – 28.

② Hedley Bull, "Review of Raymond Aron, Peace and War: A Theory of International Relations", *Survival*, November 1967, pp. 371 – 373.

第一节 雷蒙·阿隆与世界秩序

跟布尔相比,阿隆的世界秩序思想比较零散,系统性不够强。但这并不意味着,我们要了解他的世界秩序思想,就只好从散见于各处的文章和著作中大海捞针般地查找了。如前所述,阿隆在三个地方相对集中地谈论过世界秩序思想,这是我们研究他的相关思想的主要依据。本节的任务就是要从这些资料着手,对阿隆的世界秩序思想进行述评。

一 世界秩序的条件

1965 年 6 月 12—19 日,在意大利贝拉吉奥(Bellagio)举行了"世界秩序的条件"(Conditions of World Order)专题研讨会。来自欧洲、亚洲、非洲和美洲的人文社会科学家会聚一堂,就这一宏大主题展开讨论。会议由法国著名学者雷蒙·阿隆主持。阿隆认为,由于各个民族和人民有史以来第一次形成了一个单一的世界体系,我们或许正在见证一个"普遍历史的时代"(Age of Universal History)的到来:旧的文化多样性仍然存在,新的冲突根源也已出现,并且这些情况共同构成了影响世界秩序的主要因素。鉴于此,会议主要围绕两个问题来进行:第一,这种文化多样性是否以及如何危及国际稳定?第二,怎样才能将具有根本差异的各个社会组织起来,实现和平共处?①

(一)秩序的定义

鉴于与会学者对"世界秩序"之含义的理解并不统一,阿隆区分了秩序的五种可能含义,并建议研讨会选用其中之一。其中,有两种是纯描述性的:秩序是任何一种现实的安排;秩序是各个组成部分之间的关系。另有两种是分析性的(即部分是描述性的,部分是规范性的):秩序是最低程度的生存状况;秩序是最低程度的共存状况。第五种是纯规范性的——秩序是美好的生活状况。阿隆建议会议舍弃第五种含义,而关注第四种含义,即"秩序是最低程度的共存状况"(order as the minimum conditions for coexistence)。据此,"世界秩序的条件"意思是:在什么条件

① S. R. G, "Preface to the Issue 'Conditions of World Order'", *Daedalus*, Vol. 95, No. 2, 1966, p. ⅲ.

下，（以各种方式彼此分隔的）人们不仅能够避免毁灭，而且还能够比较友好地一起生活在同一个星球上。①

那么，世界秩序仅仅是国与国之间的秩序吗？答案是否定的。阿隆和其他与会学者都同意，"世界秩序"的含义不必局限于国家间关系：世界秩序受到国内结构和跨国现象的影响，但与会学者并未严格限定何种国内和跨国情形会对世界秩序产生影响。② 可见，阿隆等人界定的世界秩序概念比国际秩序概念要宽泛。尽管如此，在可预见的未来，主权国家仍然是世界政治中的主要行为体。"阿隆赞同世界政治的未来极有可能由国家蒙混过关（a 'muddling through' of states）的观点，因为他未发现世界事务中存在巨大变化的迹象。"③

（二）武力的作用

武力在国际政治中的作用如何，是本次研讨会的一个主要议题。与会学者无人否认主权国家可能是世界秩序的一个威胁，而主权国家威胁世界秩序的一个主要途径就是战争。对此，阿隆提醒他的听众："如果总体战争不再是'政治以另一种手段的继续'，那么战争威胁和特定类型的战争则并非如此。"④ 因此，建立在核恐怖平衡基础上的秩序仍然是不牢靠的。核扩散可能导致局部战争而非核大战，全球性世界秩序将会以国际体系的破裂为代价而得以维持。核大国所遵循的严格限制规则（即不将核武器用于进攻性战争）虽然迷人，却并不具有必然性。

至于国际冲突的原因，与会学者一致认为："即使存在武力因素的下降和对意识形态扩张的制止，也并不意味着意识形态的调和或利益的和谐。"⑤ 此外，民族主义在其中也扮演了复杂的角色。阿隆提醒大家，没有某种可以一劳永逸地区分好的与坏的民族主义的清晰界限。而且，民族主义并非民族国家所生产的唯一可能是毒药的东西：由民族国家所推动的意识形态主张也可以加剧冲突。

也许有人会问：世界政治中不是存在着国际法吗？难道它不能够限制

① Stanley Hoffmann, "Report of the Conference on Conditions of World Order—June 12 – 19, 1965, Villa Serbelloni, Bellagio, Italy", *Daedalus*, Vol. 95, No. 2, 1966, pp. 455 –456.

② Ibid. , p. 456.

③ Ibid. , p. 458.

④ Ibid. , p. 459.

⑤ Ibid. , p. 460.

国际冲突、维持世界秩序吗？阿隆和他的一些同事对此并不持乐观态度。在他们看来，只有世界秩序取得进步，国际法本身才能取得进步。而不是说在涉及战争与和平的关键领域，国际法能够对世界秩序做出直接贡献。

（三）观念的力量

物质方面的进步能否成为实现世界秩序的一个重要条件呢？可以。在东西方的共同发展中，涉及目的与手段的关系。阿隆认为，即使在目的方面有分歧，物质进步作为一种必需的手段也是可以为大家所接受的。东西方在共同发展中存在相互优势，它们在增长率方面的对话经历实际上已经导致了阿隆所说的"互帮互学"（mutual instruction）①。

观念的力量同样不容忽视。阿隆认为，观念的易变性显示出人是一种不满足的动物，而这种不满足对历史发展是必需的。没有观念的引导，物质技术的发展就将失去方向。"正如阿隆长期观察到的那样，没有哪个明晰的道德体系源于自然：普遍进步是人而非自然所追求的目标。换句话说，所谓 自然生成的目的'（arising ends）实际上是人为选择的结果，而非科学的命令。它们不能确保我们的未来。"②

在一个存在文化多样性的世界里，秩序的实现是否可能？这是此次会议重点探讨的议题，也是阿隆本人集中关注的问题。在他看来，文化和宗教的多样性是人类第一次生活在一个全球性国际体系中的必然结果，但单一体系的多样性并不能说明世界正在走向无秩序。由于某些普遍倾向的出现，人们或许能够发现多样的社会体系所共有的最低限度的秩序。"思想观念（亦即关乎终极方向和目标的价值偏好）的多样性表明了秩序的脆弱性，共同方向的存在则表明了秩序的可能性。"③

二 无政府的权力秩序

在"世界秩序的条件"专题研讨会上，阿隆提交了题为"无政府的权力秩序"的学术论文④。这是研究阿隆秩序思想的重要文献，其基本观

---

① Stanley Hoffmann, "Report of the Conference on Conditions of World Order—June 12 – 19, 1965, Villa Serbelloni, Bellagio, Italy", *Daedalus*, Vol. 95, No. 2, 1966, p. 466.

② Ibid. , p. 469.

③ Ibid. , p. 470.

④ Raymond Aron, "The Anarchical Order of Power", *Daedalus*, Vol. 95, No. 2, 1966, pp. 479 – 502. 此文是从阿隆刊登于《不列颠百科全书》（*Encyclopaedia Britannica*）中的文章节选而来的。

点包括以下三个方面。

（一）一个社会还是多个社会？

在世界范围内，是否已经形成了一个全人类的社会？阿隆的回答是否定的。"人们仍然属于追求独立的政治单位。因此，跟普韦布洛（Pueblo）社会或法国社会、美国社会或苏联社会相比，'地球社会'或'人类社会'是不存在的。"①

之所以如此，乃是因为人类本性和历史发展使然。"人类始于分裂，而非联合。人类每一个社会的成长都伴随着一种文化的发展，这是它独创性的体现：文化造就了区别于他者的自我，发现这种不同使其感到骄傲而非焦虑。"② 这种敌人意识或他者意识是不同社会形成的基本原因，也是人类发展的基本动力。"人类如果联合在一个主权下，那么他们就不再有敌人，除非在另一个星球上发现敌人。"③

从历史上看，人们生活在多个而非一个社会之中。在一个社会内部，非法使用暴力；在社会与社会之间，合法使用暴力。那么，人们能否克服这种不同社会之间的隔阂呢？这就涉及实现和平的途径。阿隆指出了两条道路：均势或帝国。和平要么通过相互竞争的大国之间的平衡来予以维持，要么通过最强大的国家获胜并建立帝国而得到保障。④ 但世界政府迄今为止尚未实现，原因何在？阿隆认为，世界政府与人的生物性或社会性并不矛盾，原因是历史性的。"在今天和未来几十年里，是历史因素阻止这种帝国的建立。我所说的历史因素，是指由少数人管理的、有组织的政治集体，或许还有人民本身。"⑤ 他观察到，历史舞台上的国家，其行动有如个人一样，拒绝服从一个主宰者，也不知道如何服从一个共同法。

（二）非社会的社会，无政府的秩序

阿隆认为，如果可以将这种由国家组成的世界称之为一个社会的话，那么它也是不完全的。他说："我们可将这种法律上的主权国家（根据《联合国宪章》）的多样性称为人类的'非社会的社会'（a‑social socie‑

---

①　Raymond Aron, "The Anarchical Order of Power", *Daedalus*, Vol. 95, No. 2, 1966, p. 479.

②　Ibid., pp. 481 – 482.

③　Ibid., p. 484.

④　在其他地方，阿隆区分了三种和平类型：平衡（equilibrium）、霸权（hegemony）与帝国（empire）。参见 Raymond Aron, *Peace and War: A Theory of International Relations*, New Brunswick; London: Transaction Publishers, 2003, pp. 151, 154。

⑤　Raymond Aron, "The Anarchical Order of Power", p. 484.

ty）或'无政府的秩序'（an–archical order）特征。"①

"非社会的社会"这一术语源自康德。② 在《世界公民观点之下的普遍历史观念》一文中，康德讨论了人类在社会中的对抗性。"这里的对抗性一词，我指的是人类的非社会的社会性；也就是指人类要进入社会的倾向，而这一倾向又是和一种经常在威胁着要分裂社会的贯彻始终的阻力结合在一起的。"③ 他指出，人性中具有两种倾向，一种是使自己社会化的倾向，另一种是使自己单独化（孤立化）的倾向。康德认为，人类的非社会性正是人类发展的自然推动力。没有这种不合群性，人类的自然禀赋就永远得不到发展。在国际关系中，同样的非社会性迫使国与国之间最终走向联合，形成世界公民状态。④

阿隆之所以将国际社会看成是非社会的，主要是因为冲突的普遍性和不受限制性。他指出："这个由国家组成的社会在本质上是非社会的，因为它不禁止作为其成员的'集体人'（collective persons）之间诉诸武力。"⑤ 鉴于此，他并不反对将国际关系比作自然状态。

阿隆之所以将世界秩序看成是无政府的，主要是因为其中没有最高权威。"如果这个社会中存在秩序的话，那么它是无政府的，因为它拒绝法律、道德或集体暴力的权威性。"⑥ 从严格意义上讲，所有国际体系都是无政府的。也就是说，它们从未从属于一个最高政府。阿隆认为，一旦承认有个最高政府，政治单位的各种基本权利就被剥夺了：自治，独立，以及对自身命运的决定权。

（三）好战的和平

在阿隆看来，随着历史的发展，从无政府状态中逐渐产生出一种秩序：它适用于所有国际体系；它倾向于对武装冲突予以限制；它从属于用民主的语言包装起来的寡头政治。第二次世界大战结束以后，世界进入美

---

① Raymond Aron, "The Anarchical Order of Power", p. 479.

② 阿隆年轻求学时，曾用一年时间潜心研读康德的著述，从中受益匪浅。他说："我感觉到，当我研读过康德哲学之后，再继续读其他书籍时就不再那么吃力了。我认为，书的水平越高，读它就越发需要集中精力。"[法]雷蒙·阿隆：《雷蒙·阿隆回忆录：五十年的政治反思》，杨祖功等译，新星出版社 2006 年版，第 30 页。

③ [德]伊曼努尔·康德：《历史理性批判文集》，何兆武译，商务印书馆 1990 年版，第6—7页。

④ 同上书 第 8、15 页。

⑤ Raymond Aron, "The Anarchical Order of Power", p. 480.

⑥ Ibid. .

苏对抗的冷战时代，其基本特点是：由于核武器及其运载工具的出现和相互核威慑的存在，世界总体战争爆发的可能性大大降低。但另一方面，核扩散的趋势不容乐观，对武力的有限使用依然盛行，军备竞赛普遍存在，大国间的敌意和疑虑尚未消除。用阿隆的话说，这是一种"好战的和平"（bellicose peace）①。

在这种局面下，要维持世界秩序实属不易。显然，避免核战争的爆发并不具有必然性，大国的战略选择对此具有决定性影响，而大国的选择又受到决策者个人素质的制约。用阿隆的话说，核时代的权力秩序建立在核禁忌（atomic taboo）、大国的理性战略和历史人物的勇气之上。②

三　国家间的和平与战争

雷蒙·阿隆探讨国际关系的鸿篇巨制，法文版书名为"国家间的和平与战争"，英文版书名为"和平与战争"。此书内容极其丰富，以至于连阿隆自己也承认："这是本雄心勃勃的书，也许过于雄心勃勃了。"③ 当然，这里没有必要综述此书的全部观点，而只需简要介绍其中与世界秩序紧密相关的三个方面。

（一）权力、荣誉和观念

同很多现实主义者一样，阿隆对权力的政治作用给予了充分关注。他所说的权力，也符合人们通常对这一术语的理解。他指出，一般意义上的权力就是做某事的能力，既可以是制造能力，也可以是破坏能力。具体到国际关系领域，权力则被赋予政治含义："在国际舞台上，我将权力定义为一个政治单位将其意志强加给其他政治单位的能力。简言之，政治权力不是某种绝对事物；它是一种人类关系。"④ 在明确了权力概念之后，阿隆进一步区分了进攻性权力（offensive power）和防御性权力（defensive

---

① Raymond Aron, "The Anarchical Order of Power", p. 493. 辩证分析似乎是阿隆的思想特色，这一点从他所使用的下述短语就可以看出来：非社会的社会（a‑social society），无政府的秩序（an‑archical order），非理性的理性（unreasonable rationality），集体人（collective persons），好战的和平（bellicose peace），尚武的和平（warlike peace），敌对的兄弟（the warring brothers），敌人伙伴（the enemy partners）。参见 Raymond Aron, "The Anarchical Order of Power", pp. 480, 493; Raymond Aron, *Peace and War: A Theory of International Relations*, pp. 162, 536。

② Raymond Aron, "The Anarchical Order of Power", p. 498.

③ ［法］雷蒙·阿隆：《雷蒙·阿隆回忆录：五十年的政治反思》，第394页。

④ Raymond Aron, *Peace and War: A Theory of International Relations*, p. 47.

power）。"进攻性权力是一个政治单位将自己的意志强加给其他政治单位的能力；防御性权力是一个政治单位不让其他政治单位将其意志强加给自己的能力。"①

但是，同汉斯·摩根索等现实主义者不同的是，阿隆并不认为权力是国家对外政策的唯一追求目标。现实主义者认为，大国受国家利益观念的引导，或多或少不受体制和意识形态变化的影响。阿隆对此持批评态度。在他看来，权力、荣誉和观念都是外交政策的目标。尽管政治审慎是超越法律伦理的，但认为国家的不道德性是合法的甚至是必需的观点，则是站不住脚的。

（二）战争的原因

对于自己所研究的领域，阿隆的基本判断是：国际关系是政治单位间的关系；其中心主题是国家间关系；其基本特征是战争与和平的交替。②

阿隆给战争下的定义是："两个政治上独立的单位之间的武装冲突，用的手段是有组织的军事力量，而目的则在于推行一项部落政策或民族政策。"③ 作为国际关系中的一种普遍现象，战争的原因是值得探究的。阿隆指出，导致战争发生的因素主要有三个：本质的因素是人们之间的敌意；第二个因素是交战行为本身具有冒险性，是一种自由的热情；第三个因素是政治，即特定的政治环境和政治动机。④

那么，怎样才能避免战争，实现和平呢？在核战争有可能对整个人类文明造成毁灭性后果的时代，这一点更加具有紧迫性。因为战争的根本原因在于人性，所以要实现和平的根本出路就在于改造人性。在思考这一问题时，阿隆再一次将目光转向康德，转向理性。"按照伊曼努尔·康德博大精深的、或许是预言式的观点，人类必须穿越战争的血腥道路，有朝一日达致和平。历史告诉我们，自然的暴力是可以被抑制的，方法就是通过教育使人们走向理性。"⑤

（三）国际体系与跨国社会

与战争相联系的是国际体系，这也是阿隆的世界秩序思想中很有特色

---

① Raymond Aron, *Peace and War：A Theory of International Relations*, p. 83.
② Ibid. , pp. 4 – 6, 8, 16.
③ ［法］雷蒙·阿隆：《雷蒙·阿隆回忆录：五十年的政治反思》，第259页。
④ Raymond Aron, *Peace and War：A Theory of International Relations*, p. 23.
⑤ Ibid. , p. 18.

的部分。"我所说的国际体系是由彼此之间保持经常关系，并且都能够参与广义战争（a generalized war）的政治单位组成的整体。"① 阿隆将参与战争作为确定体系中成员资格的标准，体现了他注重武力在国际关系中的作用的一贯立场。不仅如此，阿隆还根据不同标准对国际体系做了进一步区分。区分体系的第一个特点是力量分配，即多极或两极。第二个特点是各国政权是否具有相似性，即同质体系或异质体系。② 根据第一个特点来判断，阿隆认为 20 世纪 50 年代的世界体系中存在两个超级大国，至多五个或六个实际的或潜在的大国。根据第二个特点来判断，"二战"结束以后的全球性国际体系是异质的。

世界政治中不仅有国家行为体，还存在数目众多的非国家行为体。就国际体系的概念而言，显然指的是主权国家之间的关系。在国际体系以外，还存在着跨国社会（transnational society）。"一个跨国社会通过商业交往、人口迁移、共同信仰、跨国组织，以及向所有国家的成员开放的典礼或比赛而表明自己的存在。"③ 阿隆认为，国际体系和跨国社会是相互影响的。令人遗憾的是，在"二战"后的世界政治中，异质性的国际体系无可挽回地分裂了跨国社会。

第二节 社会秩序与非社会秩序

在国际社会是否具有社会性方面，学者们倾向于各自强调其中的一个方面。本节从布尔著作中的社会与秩序关系入手，探讨二者是否真像有的学者所说的那样是同义反复。为进一步理解这一问题，我们将对布尔与阿隆的世界秩序思想进行比较。

一 社会与秩序：同义反复？

在布尔的世界秩序思想中，社会与秩序两个概念经常缠绕在一起。这种做法招致了猛烈的批评，原因在于他对二者的定义形成了同义反复。英格兰学派新一代学者约翰·威廉姆斯认为，布尔将国际秩序定义为支撑国

---

① Raymond Aron, *Peace and War: A Theory of International Relations*, p. 94.
② ［法］雷蒙·阿隆：《雷蒙·阿隆回忆录：五十年的政治反思》，第 394 页。
③ Raymond Aron, *Peace and War: A Theory of International Relations*, p. 105.

际社会基本目标（生命、诚信和财产权）的活动模式，而他所定义的国际社会本身就蕴含着这些目标：国际社会的主体是国家，这就意味着对特定领土和居民的所有权；国家一起制定共同规则，运作共同制度，这就意味着对契约的遵守和对暴力的限制。甚至可以说，在布尔的定义中，秩序即社会，社会即秩序。当然，共同文化是个例外因素。在以往的国际社会中，都存在一种共同文化。或许可以说，社会就是秩序加上某些共同文化的要素。用公式表示就是：秩序＋共同文化＝社会。但就是这一点，在布尔所处的时代也被正式拒绝了，因为全球性国际社会缺乏共同的文化基础。①

没有对秩序与社会做出明确区分，这可能是布尔著作中的一个缺陷。但是，情况并没有威廉姆斯所说的那么夸张。含蓄是布尔思想的一个特点，它在给卖者造成困难的同时也能给读者带来乐趣。仔细阅读就会发现，从布尔对秩序与社会的定义来看，二者并非同义反复；从世界政治的实际运行来看，二者的作用范围也不相同。

首先，在布尔的定义中，秩序不仅是事实，而且也是一种价值；而社会本身不是价值，它的存在只是为秩序及其他价值目标的实现提供一个框架。详而言之，布尔认为秩序是支撑生命、诚信和财产权这三个社会生活基本目标的人类活动模式，而社会则是以共同利益和价值观念，以及共同规则和制度为特征的。这就是说，在布尔的思想中，秩序是目的性的，②而社会是功能性的。

其次，具体到国际秩序与国际社会，我们发现布尔定义中一个不应被忽视的方面。在国际社会的概念中，虽然包含用以界定国际秩序的三个基本目标，但布尔还为国际秩序量身定做了三个新的目标：第一，维持国际社会本身的存在；第二，维护国家的独立或对外主权；第三，和平。按照威廉姆斯的逻辑，国际社会本身蕴含着国际秩序的目标。但我们从布尔对国际社会的功能性定义（共同利益、规则和制度）中看到，国际社会本身并不蕴含维持国家独立或追求和平状态的目标。

最后，从作用范围上讲，社会与秩序的内涵并不一致。国际社会不仅

---

① John Williams, "Order and Society", pp. 26 – 27, 30.

② Martin Griffiths, *Realism*, *Idealism*, *and International Politics*: *A Reinterpretation*, London and New York: Routledge, 1992, p. 131.

容纳秩序目标，而且容纳独立、正义、繁荣等其他人类生活中的重要价值目标。布尔本人也曾不止一次地提到，秩序并不是人们在世界政治中追求的唯一价值目标。另一方面，国际秩序有时候也可以在缺少社会因素的国际体系中暂时得以实现，比如依靠偶发均势来维持。所以，那种将秩序等同于社会的看法，并没有充分考虑布尔思想的丰富性和复杂性。

二　布尔与阿隆的相通之处

布尔与阿隆都属于头脑清醒、思路清晰、观点温和的学者，二人的学术风格也颇为相像。有人这样形容阿隆："他倾向于，要始终从好的方面看待他所批评的思想，也从缺点方面看待他为之辩护的思想，这种倾向性遭到盟友的激烈批评。说他难以预料，犹豫不决，每次肯定什么又加上许多限定词，最终也不知道他到底要坚持什么。"① 其实，这段话用来形容布尔也是比较合适的，尤其是"每次肯定什么又加上许多限定词"一语。另外，布尔在学术与政策方面的看法与阿隆也是一致的。虽然阿隆非常关注时事，但他认为"明智的忠告"是非常自然地源于学术研究的，而学术的主要目的是促进知识。② 这就不由得使人想起布尔在《无政府社会》结尾部分的一番话："寻求可以称为'解决方案'或者'实用建议'的结论的做法，是当今世界政治研究中的一个不良因素。世界政治研究应该是一种智力性活动，而不是一种实用性活动。"③

在具体观点上，布尔与阿隆也存在颇多相似或相通的地方。

第一，阿隆和布尔对世界秩序的界定是一致的，这是他们的世界秩序思想具有可比性的前提。阿隆认为秩序是"最低程度的共存状况"，这与布尔用生命、诚信和财产权三个基本目标来界定秩序的相同之处在于：其一，强调人类社会基本目标之一：生存；其二，强调共存，这与布尔所说的"最低程度的秩序"（minimum order）是一致的。之所以强调"最低程度"，是因为两位作者都认识到：在一个存在多元文化的世界里，虽然世界不至于走向无秩序，但秩序的基础是脆弱的。

第二，阿隆和布尔对国家地位的看法是相同的。阿隆认为世界秩序的

---

① ［法］茨维坦·托多罗夫：《雷蒙·阿隆和他的〈回忆录〉》，载［法］雷蒙·阿隆《雷蒙·阿隆回忆录：五十年的政治反思》，第6—7页。

② Stanley Hoffmann, "International Society", p. 14.

③ Hedley Bull, *The Anarchical Society: A Study of Order in World Politics*, pp. 319 - 320.

概念比国际秩序的概念宽泛，但在可预见的未来，主权国家仍然是世界政治中的主要行为体。布尔也认同国家在世界秩序中的重要地位和作用，不认为当前已经存在全人类大社会中的秩序。可以认为，阿隆与布尔的秩序观似乎都是以国家为中心的，虽然也涉及非国家行为体，但未给予太多关注。有人曾经批评阿隆不顾跨国问题，阿隆对此进行了辩护：他区分了国际问题与跨国问题，尽管没有加以发挥。①

第三，阿隆和布尔对均势在维持世界秩序方面的作用有共同看法。二位学者都认可"二战"后形成的核僵局对世界和平与稳定的重要性，但也意识到建立在核恐怖基础上的秩序是不牢靠的。

第四，阿隆和布尔对国际关系领域的无政府性有共同看法。布尔指出国际关系是一个特殊的领域，因而反对国内类比。阿隆认为，国内政治与国际政治的本质区别是：前者倾向于让一个最高权威垄断对暴力的合法使用权，而后者则接受多个中心对武力的使用。② 他还告诫人们，不要对国内社会和国际体系间的关键差异置之不理。在国内社会中，价值观、法律和权力常常高度集中于中央；而在国际体系中，它们是如此的分散，以致每个国家只考虑自己的利益，并决定它遵守哪些规范和漠视哪些规范。③

三　布尔与阿隆的主要分歧

尽管存在一些相似或相通的地方，布尔和阿隆的世界秩序思想在一些重要方面还是有明显差异的。造成这种差异的原因，除了两位学者的知识背景和价值偏好外，恐怕与他们观察问题的角度有很大关系。阿隆是社会学家，所以对冲突的根源等问题有深刻的见解。而布尔是国际关系学家，更注重在国际层次上寻找问题产生的原因和解决的途径。

第一，阿隆确认的秩序框架是国际体系，而布尔则强调国际社会对于世界秩序的重要性。在阿隆看来，国家之间的关系是战争与和平的交替，社会则主要存在于国内层次和跨国层次。他曾这样写道："说实话，社会这个词，只适用于一些特定的集团，自己把自己关在里面，但是，同什么

---

① ［法］雷蒙·阿隆：《雷蒙·阿隆回忆录：五十年的政治反思》，第398—399页。

② Raymond Aron, "What Is a Theory of International Relations?" *Journal of International Affairs*, Vol. 21, No. 2, 1967, p. 192.

③ ［美］詹姆斯·多尔蒂、小罗伯特·普法尔茨格拉夫：《争论中的国际关系理论》（第五版），阎学通、陈寒溪等译，世界知识出版社2004年版，第39页。

祖国呀、国家呀比起来，毕竟不那么马上叫人联想起明争暗斗，兵戎相见。很难想象，一个社会能够放大到全人类。'社会'这个词里面隐藏着撕裂一切人类集体的种种矛盾。"① 而布尔则明确指出国家之间不仅可以形成一个体系，而且能够形成一个社会。

第二，就对秩序的威胁而言，阿隆比布尔更加具有现实主义倾向。阿隆从社会学的角度探讨冲突的根源，结论是人性。在他看来，导致战争的本质因素是人们之间的敌意。敌意是人的本性，只能被缓解，不能被消除。而要想缓解敌意，就需要一个形成共同体的外部纽带：敌人，或至少是他者。② 这样我们就不难理解，阿隆为什么宣称"人类始于分裂，而非联合"了。

第三，就维持秩序的途径而言，阿隆所提供的方案远比布尔要少。布尔不仅探讨了在国际社会中能否以及如何实现秩序的问题，而且探讨了有可能实现世界秩序的其他途径。即使在国际社会框架中，布尔也详细探讨了均势、外交、国际法、战争和大国管理这些国际制度的作用。而阿隆除了对均势进行论述外，在其他方面所述并不系统。不仅如此，他对国际法等维持秩序的工具实际上是持怀疑态度的。如前所述，阿隆认为只有世界秩序取得进步，国际法本身才能取得进步。

第四，就秩序的发展演变而言，阿隆比布尔更强调动态性和时代性。布尔的世界秩序思想的一个特点是，秩序因素或多或少存在于国际关系的各个历史时期，维持国际秩序的制度在各个时期基本上也是一样的。因而，他的秩序观被批评为具有静态性，没有充分探讨秩序的产生和演变。阿隆则不然，他认为世界新秩序的鲜嫩幼芽不是从形而上学或科学的需求中生长出来的，而是从带有演进痕迹的历史经验中产生的。与此同时，人们的秩序观念也随着时代发展而演变。事实上，我们当前的秩序观念就是历史演变而来的：我们不再相信固定不变的秩序，而是把它看成一种创造物，一种人类在历史上生产出来的产品。③

---

① ［法］雷蒙·阿隆：《雷蒙·阿隆回忆录：五十年的政治反思》，第102页。

② Daniel J. Mahoney and Brian C. Anderson, "Introduction to the Transaction Edition", in Raymond Aron, *Peace and War: A Theory of International Relations*, p. Ⅹⅶ.

③ Stanley Hoffmann, "Report of the Conference on Conditions of World Order", p. 470.

第三节　反思布尔思想:半社会

对于布尔所阐发的国际社会思想,美国著名学者肯尼思·华尔兹大惑不解:"我常常在想:睁大眼睛四下张望,国际社会这一概念究竟包含些什么呢? 我真的觉得什么也没有。"① 他以以色列与其阿拉伯邻国之间的关系为例,提出了自己的疑问:它们之间的敌意根深蒂固,冲突此起彼伏,难道还处于同一个"社会"之中吗? 其实,对国际社会概念的质疑包括很多方面,华尔兹的观点只是其中之一。在介绍几种主要的反对意见之前,让我们先来回顾一下布尔是如何确定国际社会的社会性的。

一　国际社会的社会性

当我们观察一个社会(比如原始社会或英国社会)时,我们能够列举出其中的一些要素:首先,要有行为体,社会中的行为体就是个人以及由个人组成的团体;其次,行为体之间要有互动,一个个老死不相往来的个人是无法形成社会的;再次,互动中要有利益驱动,对利益的共享或争夺构成社会的核心内容;又次,要有一定的价值观念,行为体以此来界定相互之间的关系(自我与他者),确定什么是值得追求的;最后,要有相关的规则和制度,以便利和规范行为体之间的互动。那么,在布尔所说的国际社会中,这些要素是否存在呢?

国际社会有自己确定的成员,即主权国家(或独立政治共同体)。中国战国时期的诸侯国、古代希腊的城邦以及文艺复兴时期意大利的城市国家就属此类,而现代民族国家则集中代表了国际社会的成员特征。从历史上看,在欧洲国际社会向全球扩展的过程中,欧洲大国曾以所谓"文明标准"将一些非欧洲国家(包括中国)排除在国际社会之外。在当今世界,所有国家在理论上都是国际社会的成员,但某些西方国家推行的"新文明标准"正在挑战、甚至否定一些国家的成员资格。②

---

① Fred Halliday and Justin Rosenberg, "Interview with Ken Waltz", *Review of International Studies*, Vol. 24, 1998　pp. 384 – 385.

② 关于"文明标准", 参见 Gerrit W. Gong, *The Standard of "Civilization" in International Society*, Oxford: Clarendon Press, 1984; 关于"新文明标准", 参见张小明《诠释中国与现代国际社会关系的一种分析框架》, 载《世界经济与政治》2013 年第 7 期, 第 40—47 页。

主权国家之间存在经常性的互动，相互之间对对方的政策具有敏感性。这种互动既可以是直接的，也可以是间接的；既可以是政治和军事方面的，也可以是经济和文化方面的；既可以是和平友好的，也可以是敌对的。但不管怎样，一国在制定外交政策时不得不考虑其他国家的存在，乃是国际社会中的一个不争的事实。

国家之间存在很多共同利益，对共同利益的体认能够成为相互合作的重要促进因素。这种共同利益在国际社会的各个历史阶段普遍存在，比如维持国际关系的总体和平状态。在全球化时代，经济相互依赖使得各国在防范金融风险和经济危机方面具有共同利益。在核武器时代，有核国家在防止核扩散方面具有共同利益，而世界各国在防止核战争方面也具有共同利益。

国家之间共享一些价值观念，愿意为此限制自己的行动自由。原因在于，它们把这些基本价值当作共同追求的目标，而非仅仅实现自身利益的手段。当然，这些价值观念在不同历史时代是有差异的。国家应当在对等的基础上尊重彼此的主权，这一观念就曾长期保证了众多小国的生存。如今，国家应当努力确保生命权、生存权等基本人权的实现，这一观念将会有力保证众多少数民族和种族的生存。

国家之间在互动中受到各种规则的制约，并且一起运作共同的制度。在布尔的定义中，规则是约束人们行为的一般指令性原则，包括根本规范性原则、共处规则和调整国家间合作的规则。制度则是"一套用于实现共同目标的习惯和惯例"[①]，能够使规则具有效力。在现代国际关系中，存在着均势、国际法、外交、战争和大国管理五项制度。这些制度相互作用，共同维持着国际社会中的秩序。

二　国际社会的非社会性

以上证据似乎完全可以说明，国家之间在相互交往过程中确实形成了一个社会。然而，事情并没有这么简单。持反对意见的人认为，布尔所说的国际社会并不具有一般意义上的社会要素。这集中表现在：同其他类型的社会相比，所谓的"国际社会"既没有中央政府又缺乏共同文化，并且由于没有外部敌人而缺乏内部凝聚力，因此根本达不到一个社会的标

---

① Hedley Bull, *The Anarchical Society: A Study of Order in World Politics*, p. 74.

准。换句话说，它是一个"非社会"。

质疑国际社会的社会性的第一个理由是，国际社会不是由个人构成的。它显然不同于社会学家对社会的一般理解，因为他们认为社会的基本构成要素是个人。至于国家，它仅仅是由个人通过一定方式组织而成的共同体，并不能还原成一个个有血有肉有感情的个人。换句话说，只有从拟人的意义上讲，由国家组成的共同体才可以被称为"社会"。即使沿着"国际社会"路径进行研究的学者，也注意到了人际社会和国际社会的这一显著差别。比如，巴里·布赞就将前者称之为"一阶社会"（first - order societies），而将后者称之为"二阶社会"（second - order societies）。①

质疑国际社会的社会性的第二个理由是，在国际关系中没有一个中央政府。没有中央政府是国际关系的基本特征，布尔对这一点倒是直言不讳："虽然生活在一国之内的人们服从于一个共同的政府，主权国家在其相互关系中却并非如此。这种无政府状态或许被认为是国际生活中的基本事实和对国际关系进行理论化的起点。"② 美国学者海伦·米尔纳（Helen Milner）指出，这种语境下的"政府"有三种含义：第一，合法使用武力的垄断权；第二，正式的法律和制度；第三，特定的政府功能，比如强制实施承诺或约定。③ 在国际关系中，没有垄断武力使用权的机构，意味着各成员在涉及自身利益时使用武力是可以被接受的，这就使得冲突和战争的可能性大大增加④；没有正式的法律和制度，意味着缺乏对是非曲直的裁判机制，以强凌弱的现象就会普遍存在；没有强制实施承诺或协定的机构，意味着条约是否能够得到遵守仅仅出于各成员的意愿，尔虞我诈的现象就不会鲜见。

质疑国际社会的社会性的第三个理由是，在国际关系中缺乏一种共同

---

① Barry Buzan, *From International to World Society? English School Theory and the Social Structure of Globalisation* p. XⅦ - XⅧ.

② Hedley Bull, "Society and Anarchy in International Relations", p. 35.

③ Helen Milner, "The Assumption of Anarchy in International Relations Theory: A Critique", in David A. Baldwin, ed., *Neorealism and Neoliberalism: The Contemporary Debate*, New York: Columbia University Press, 1993, pp. 148 - 149.

④ 不可否认，战争在国际关系中比在国内关系中更被人们习以为常。正如雷蒙·阿隆所说："国家与国家之间的关系有一个区别于所有其他社会关系的特点：它们是在战争的阴影下开展的，或者用一句更准确的话说，国家与国家之间的关系，从本质上包括了战争与和平的交替。"参见［法］雷蒙·阿隆《雷蒙·阿隆回忆录：五十年的政治反思》，第395页。

文化。布尔认为历史上的国际社会都建立在共同文化①或某些共同文化的要素（比如共同语言或宗教）基础之上。这些要素通过两种方式促进国际社会的运行:一方面,它们会使国家之间的沟通和理解变得容易,从而促进对共同规则的界定和共同制度的演进;另一方面,它们会增强对共同利益的体认,从而推动各国形成共同的价值观念,并接受共同的规则和制度。② 但是,不同于16、17世纪的基督教国际社会或18、19世纪的欧洲国际社会,20世纪以来的全球性国际社会缺少一种共同文化。这种状况即便不会产生"文明的冲突",恐怕至少也会削弱成员之间就很多重大问题形成共识的能力。这样的一个体系能不能被称为一个社会,确实是值得怀疑的。③

质疑国际社会的社会性的第四个理由是一个既没有中央政府又没有共同文化的体系是难以称为社会的。一个社会可以既有中央政府又有共同文化（比如单一民族国家的国内社会）,也可以没有共同文化而有中央政府（比如一个多民族国家的国内社会）,甚至也可以没有中央政府而有共同文化（比如原始社会和向全球扩张以前的欧洲国际社会）④,但绝不能既没有中央政府又没有共同文化。因为那样就产生了一个问题:这一群体靠什么来形成内聚力呢? 或许社会学的观点能够启发我们的思考,那就是"外部敌人"。如此一来,我们不得不将目光转向社会凝聚力的问题。

质疑国际社会的社会性的第五个理由是,在全球性国际体系中没有外部敌人,成员之间缺乏内部凝聚力。雷蒙·阿隆认为,社会内部的凝聚力与外部敌人的存在关系密切。敌人意识或他者意识是不同社会形成的基本原因,也是人类发展的基本动力。可是,在当前的全球性国际社会里,所

---

① "我们所说的一个社会的文化,指的是这个社会的基本价值观念体系,它是人们思想和行动的前提。"参见 Hedley Bull, *The Anarchical Society: A Study of Order in World Politics*, p. 64。

② Hedley Bull, *The Anarchical Society: A Study of Order in World Politics*, p. 16.

③ 巴里·布赞根据社会学的研究,区分了（文明性的）礼俗社会（gemeinschaft）和（功能性的）法理社会（gesellschaft）。他指出,全球性国际社会具有很强的法理社会的因素。参见 Barry Buzan, "From International System to International Society: Structural Realism and Regime Theory Meet the English School", *Review of International Studies*, International Organization, Vol. 47, No. 3, 1993, pp. 333 - 336。

④ "福斯特（Fortes）和埃文斯—普理查德（Evans - Pritchard）在研究非洲体系的基础上,得出了一个尝试性的结论:虽然一个中央权威能够把具有异质文化的人们融合在一起,但是很高程度的共同文化却是无政府结构的必要条件。"参见 Hedley Bull, *The Anarchical Society: A Study of Order in World Politics*, p. 64。

有主权国家都是其成员，在哪里寻找敌人呢？没有外部敌人，内部之间不可避免要发生冲突和战争，这就使得共同体意识难以形成，社会的存在只能是一句空话。

概括起来，质疑国际社会的社会性的基本观点主要包括两个方面。同人际社会相比，所谓的"国际社会"并不是由个人这一有形的行为体构成的。同其他类型的社会相比，所谓的"国际社会"既没有中央政府又缺乏共同文化，并且由于没有外部敌人而缺乏内部凝聚力，从而难以避免普遍冲突。由此看来，国际社会根本就达不到一个"社会"的标准。

三　国际社会的半社会性

上述理由确实从不同侧面反映了国际社会的非社会性，但这些观点都不是绝对不可挑战的。而对这些理由的挑战，又将钟摆拉回到社会性与非社会性之间的中点。

作为国际社会主体的国家是不会"做"任何事情的，国家的任何行为实际上都是某些个人（国务活动家、外交官、军人等）以国家的名义来进行，这是常识。但这一常识并不足以说明国家就无法组成"社会"。毕竟，国家只是国际关系中的直接行为体，而个人才是终极意义上的行为体。个人能够形成社会，由个人组成的团体也能够形成更大的社会。在观察国内社会时，人们常常将阶级、阶层、种族、民族、宗教团体及其他社会团体视为社会的组成部分，也是这个道理。

在国际关系中，没有一个中央政府并不影响国家之间的正常交往。那种将国际无政府状态比作霍布斯式的自然状态，从而主张建立世界政府的看法，因其"国内类比"的推理方式而受到批评。在霍布斯式的自然状态中，没有工业、农业、航海、贸易或者人类生活其他方面的改善，人们处于"所有人反对所有人"的战争状态之中。[①] 从描述的意义上讲，这显然不符合国际关系的历史和现实。自现代主权国家产生以来，它们之间不仅进行内容广泛的双边交往，而且通过建立各种多边机制来促进相互之间在金融、贸易、科技、文化、军事、体育等各个方面的交流与合作。在大多数时期，大多数国家之间的相互交往是和平性的，各方普遍遵守相关的规则和惯例。从推理的意义上讲，这也不能得出国家之间必须建立一个世

---

① ［英］托马斯·霍布斯：《利维坦》，第94—95页。

界性的"利维坦"才能实现共处的结论。毕竟，国家的脆弱性要比个人小得多，国家的死亡率也比个人低得多。霍布斯本人并没有主张国家之间缔结社会契约以结束自然状态，原因就在于此。

全球性国际社会虽然缺乏共同文化，但共同利益的纽带可以将各个国家联结在一起，使其不至于因内部争斗而陷入四分五裂。不难发现，当前的国际社会虽然没有来自外部的敌人，但面临内部因素造成的共同威胁。鉴于核武器的巨大杀伤力，东亚和中东的核扩散趋势并不仅仅是地区性的危险。气候变化不只是威胁几个小岛国的生存，受环境污染影响的也不只是少数温室气体排放大国。恐怖主义俨然已成为全球公害，以致一些国内安全局势一贯平稳的欧洲大国也难以置身事外。所有这些问题都需要各国团结应对，全球性国际社会的内部凝聚力可由此形成。

至于暴力冲突，它在本质上与社会概念并不完全矛盾，这一点连一些社会学家也承认。例如，孟德斯鸠曾经指出，战争本身就是一种社会现象。[①] 在国内社会中，反叛、政变、骚乱、内战等现象并不鲜见，但很少有人因此否认国内社会的社会性。在国际社会中，这一逻辑同样适用。赫德利·布尔就是将战争作为国际社会中的一项制度来对待的，这说明受限制的暴力冲突也是社会性的一个方面。

正反两方面的研究表明：国际社会既不完全是布尔所说的"社会"，也不完全是康德和阿隆所说的"非社会"。在国际社会中，虽然成员之间具有共同利益、规则和制度；但是，这一社会既没有中央政府又缺少共同文化，并且由于没有外部敌人而缺乏内部凝聚力。因而，它实际上只是一个介于"社会"与"非社会"之间的"半社会"。

需要说明的是，"半社会"这一术语并不是笔者杜撰的，它早在15、16世纪西班牙国际法学家苏亚雷斯的著述中就有明确体现。苏亚雷斯指出，尽管每个国家都是一个完善的共同体，但它也是一个普遍性或整体性团体中的一员，这个普遍性团体就是一个政治和道德的"半社会"。托克维尔（Alexis de Tocqueville）进一步指出，由国家组成的社会总是半野蛮的（semi‐barbarous），即便是在最文明的时代也是如此。在回顾了上述两位经典思想家的论述后，马丁·怀特认为，国际关系中的理性主义

① ［法］雷蒙·阿隆：《社会学主要思潮》，葛智强等译，上海译文出版社2013年版，第37页。

（Rationalist doctrine）认为，国际自然状态是一种"半社会状态"（a quasi – social condition）。这种状态会导致洛克式的有条件契约（a limited contract），而非霍布斯式的无条件契约（an unlimited contract）。① 另有学者在评述雷蒙·阿隆的"非社会的社会"时指出，国家之间的关系是一种"部分的自然状态"（partial state of nature）。② 其言外之意是，它同时也是一种"部分的社会状态"。

---

① Martin Wight, *International Theory: The Three Tradition*, p. 39.
② Daniel J. Mahoney and Brian C. Anderson, "Introduction to the Transaction Edition", p. xi.

第四章　世界秩序的维持:五项制度

"如果没有均势以及大国之间对其相互关系行为的持续、稳定的理解，那么国际秩序中诸如国际法、国际组织、共同价值观的存在之类的'软'因素就将成为空中楼阁。"

——安德鲁·赫里尔

在 1983 年发表的一篇文章中，菅波英美将英格兰学派称为"制度主义者"（institutionalists）。① 这说明，制度（institution）一词在英格兰学派的研究议程中居于特殊重要的地位。具体到赫德利·布尔的世界秩序思想，这一点表现得尤为明显。

在国际社会中，秩序是"支撑基本的或首要的社会生活目标的活动模式"。它既是一个事实存在，又是一种值得追求的价值。那么，国际秩序靠什么来维持呢？布尔的回答是：共同利益、规则和制度。首先，要有对存在于基本或首要目标中的共同利益的认识；其次，要有限制行为的规则；最后，要有使规则发挥效力的制度。②

尽管秩序的维持需要共同利益、规则和制度三种因素，但布尔侧重论述的却是制度的作用。布尔认为，国际社会中的规则是约束人们行为的一般指令性原则，制度是"一套用于实现共同目标的习惯和惯例"③。制度象征着国际社会的存在，赋予各成员在实现国际社会的政治功能方面的协作以实质性和持久性，有助于各成员避免对共同利益的忽视。制度的具体

---

① Hidemi Suganami, "*The Structure of Institutionalism: An Anatomy of British Mainstream International Relations* ", p. 236.

② Hedley Bull, *The Anarchical Society: A Study of Order in World Politics*, p. 65.

③ Ibid. , p. 74.

作用就是使规则具有效力，这表现在以下八个方面：（1）制定规则；（2）传播规则；（3）管理规则；（4）解释规则；（5）实施规则；（6）合法化规则；（7）调整规则；（8）保护规则。①

在国际社会中，主要是作为其成员的主权国家发挥着使规则具有效力的作用。从这个意义上说，国家本身就是国际社会中最重要的制度（principal institutions）。② 除此之外，布尔将均势、国际法、外交、战争和大国管理确定为国际社会中的五项制度。他认为，正是这些制度在维持着国际社会中的秩序。布尔关于制度的论述，极大地充实了他的国际社会概念，丰富了他的世界秩序思想。但是，其中的一些观点也引起了很多争议。人们不禁要问：各项制度在国际社会中发挥作用的方式是否相同？这些制度是以什么样的标准选择出来的？它们之间的关系究竟如何？

第一节　制度的作用方式

布尔提出了国际社会中的五项制度，并认为它们的基本功能都是维持秩序。但是，我们并不能就此断定它们的作用方式也是相同的。从布尔的论述中，我们得出的基本判断是：均势和大国管理可以对秩序的维持发挥直接作用；国际法和外交主要对秩序的维持发挥间接作用；战争虽然具有双重性质，但对秩序的维持总体上发挥着积极的间接作用。

一　直接维持秩序的制度

均势是布尔考察的第一项制度。布尔没有对均势给出自己的定义，但他对瓦特尔的定义表示赞同："没有一个大国处于压倒性的优势地位，从而可以对其他国家发号施令的状况。"③ 随后，布尔从不同角度对均势进行了分类：简单均势与复杂均势；总体均势与地区均势或特殊均势（这一区分不同于主导性均势与从属性均势的区分）；主观均势与客观均势；偶发均势与人为均势。其中，最后一种区分尤为重要。偶发均势不是当事各方有意促成的结果，人为均势则至少部分出于当事一方或双方有意识的

---

①　Hedley Bull, *The Anarchical Society: A Study of Order in World Politics*, pp. 56 – 57.

②　Ibid., p. 7.

③　Ibid., p. 101.

政策。为了说明这一点,布尔指出:"我们可以把纯粹的偶发均势想象为一种僵持状态,两个大国在其中进行殊死搏斗,每一方的目标仅仅是要实现自身实力的最大化。人为均势则假定,至少有一方的目标并不是无限增强自身的实力,而是在相互关系中对其予以限制。"①

在现代国家体系中,均势具有三个基本功能:第一,总体均势的存在可以防止国家体系因征服而转变为普遍帝国;第二,地区均势的存在可以保护特定地区国家的独立,使之免受该地区占优势地位国家的吞并或支配;第三,总体均势和地区均势的存在为国际秩序赖以维持的其他制度的运行创造了条件。② 简言之,均势既可以为国际秩序用以维持的最适框架(国际社会)提供保障,又可以为国际秩序用以维持的最佳方式(其他制度)创造条件。显而易见,它在维持秩序方面发挥着直接作用。

关于均势与和平的关系,布尔的看法是:虽然稳定的均势有助于打消发动预防性战争的念头,但均势的首要功能不是维护和平,而是维护国家体系本身。据此,大国对小国的战争和瓜分不是背离均势,而是均势原则的运用。布尔举例说,18世纪俄、普、奥三国对波兰的瓜分就体现了这一点。③ 对此,有学者提出异议。戴维·阿姆斯特朗(David Armstrong)就认为,瓜分波兰虽然使用了均势的语言,但其真实原因是贪欲的驱使。④ 看起来,均势在实践中的表现并不像理论上说得那么简单。

与均势密切相关的一项制度是大国管理。需要指出的是,布尔所说的大国与我们通常的理解有些不同。他给出了成为大国的标准:第一,有两个或两个以上地位相当的国家,它们或许组成了一个具有入会规则的俱乐部(据此,罗马帝国和中华帝国就不是大国)。第二,这些俱乐部成员在军事力量方面处于第一等级。⑤ 第三,它们具有特殊的权利和义务,这不仅被其他国家所承认,也被它们自己的领导人和人民所体认(据此,拿破仑法国和纳粹德国就不能被称为大国)。⑥ 关于第一个标准,伊恩·克

---

① Hedley Bull, *The Anarchical Society: A Study of Order in World Politics*, p. 105.

② Ibid., pp. 106 – 107.

③ Ibid., pp. 107 – 108.

④ David Armstrong, "The Nature of Law in an Anarchical Society", in Richard Little and John Williams, eds., *The Anarchical Society in a Globalized World*, p. 126.

⑤ 布尔曾经指出,大国必须是有核国家。参见 Robert Ayson, *Hedley Bull and the Accommodation of Power*, p. 73。

⑥ Hedley Bull, *The Anarchical Society: A Study of Order in World Politics*, pp. 200 – 203.

拉克认为，布尔在定义中就排除了只有一个大国的可能性，他暗示这一概念涉及大国相互之间的横向（horizontal）关系，而不只是大国与其他国家的纵向（vertical）关系。① 关于第二个标准，布尔同马丁·怀特一样主要从军事实力角度界定大国。怀特曾经指出，大国的理想定义是能够自信地对另一个大国开战的国家。② 但在第三个标准上，两人的分歧是明显的。怀特曾以拿破仑的例子来说明，大国不需要别国承认："大国并不等待别国承认，它会自我展示。"③ 至于"超级大国"（super power）这一新概念，布尔认为它并没有给"大国"（great power）这一老概念增添任何新内容。美国和苏联在1945年以后的1/4个世纪里所扮演的角色，正是从以前的欧洲大国那里继承而来的。

在布尔看来，大国主要经由两种途径来维持国际秩序：一是管理相互关系，二是利用自己的优势来左右整个国际社会的事务。具体而言，大国通过以下方式来管理相互关系，从而维持国际秩序：（1）维护总体均势；（2）在彼此关系中努力避免或控制危机；（3）在彼此关系中努力限制或制止战争。在处理与国际社会其他成员的关系时，大国通过以下方式来利用自身优势：（4）单方面利用它们的地区优势来实施控制；（5）彼此尊重对方的势力范围；（6）根据大国协调或大国共管（a great power concert or condominium）的理念采取联合行动。④ 从这六种方式来看，大国管理在维持全球和地区结构稳定、避免危机和控制战争方面具有不可替代性，因而对国际秩序的维持发挥着直接作用。

在这六种方式中，最引人注目的是大国协调或大国共管。它指的是将大国的力量联合起来，在整个国际体系中推行共同的政策。布尔指出，19世纪的欧洲协调属于大国协调或大国共管模式，而20世纪70年代的大国却没有试图建立"美苏协调"的局面。"它们没有经常性地协调彼此的行为，比如定期进行讨论，以确定共同的和特定的目标，制定旨在实现这些目标的共同战略，以及分担实施共同战略的责任。"⑤

---

① Ian Clark, *Hegemony in International Society*, p. 37.
② ［英］马丁·怀特：《权力政治》，第24页。
③ 同上书，第12页。
④ Hedley Bull, *The Anarchical Society: A Study of Order in World Politics*, p. 207.
⑤ Ibid., pp. 226 - 227.

二　间接维持秩序的制度

国际法也是布尔着重探讨的一项制度。布尔对国际法的定义是："国际法可被看作一组约束世界政治中的国家及其他行为者之间相互关系的规则，并被认为具有法律地位。"① 前面已经提及布尔对规则和制度进行区分：规则是约束人们行为的一般指令性原则，制度的作用就是使规则具有效力。那么，作为规则的国际法为何摇身一变成了国际制度呢？这是因为，布尔所说的国际法主要是指国际习惯法，而这与他将制度界定为"一套用于实现共同目标的习惯和惯例"是契合的。这也说明，至少在一些具体领域，布尔所说的规则和制度存在着很大程度的重合性。

至于国际法的法律地位和法律效力，也是布尔着重探讨的问题。在法律地位方面，他认同他在牛津大学的老师赫伯特·哈特的观点。哈特反对仅仅以强制的术语来界定法律，他认为法律是给予义务的初级规则和承认、变更、裁判等次级规则的结合。然而，国际法只是一套初级规则，它不包含承认规则、变更规则和裁判规则。尽管如此，哈特并不否认国际法的法律地位。② 之所以如此，是因为国际法具有法律效力。布尔指出，绝大多数国家在绝大多数时候都遵守国际法规则。国际法在特定情况下被违背，并不能证明其没有效力：首先，一国在违背某个国际法规则的同时，还在遵守其他国际法规则，甚至以往也遵守如今被违背的规则；其次，违背规则的行为本身有时也包含着遵守所违背的规则之成分；最后，违背某一规则的国家通常努力表明自己依然受到该规则的约束。那么，国家到底出于什么目的遵守国际法呢？布尔的看法是，除了习惯或惰性外，国家遵守国际法出于三个动机：第一，认为国际法所规定的行为值得执行、必须执行或有义务执行；第二，受到某个力图执行协议的大国之胁迫或威胁；第三，希望其他国家采取对等行为。③

就维持国际秩序而言，国际法所起的作用表现在：第一，把主权国家的社会这一观念确认为人类政治组织的最高规范性原则，否认霍布斯式的自然状态、世界国家或世界帝国等原则；第二，阐明国家及国际社会其他

① Hedley Bull, *The Anarchical Society：A Study of Order in World Politics*, p. 127.
② ［英］哈特：《法律的概念》，第83、86—88、189—198、218—219 页。
③ Hedley Bull, *The Anarchical Society：A Study of Order in World Politics*, pp. 136 – 140.

行为体之间共处的基本规则，这些规则涉及限制暴力、遵守协议以及主权和独立；第三，帮助动员行为体遵守国际社会的规则，包括共处规则、合作规则和其他规则。① 鉴于国际法的功效在于"确认""阐明"和"帮助遵守"相关的国际规则，那么它对国际秩序的维持也就只能发挥间接作用了。即便如此，国际法并非国际秩序的一个必需条件或本质条件，以往的一些国际社会并没有国际法制度。② 而且，国际法本身并不足以形成国际秩序，除非具备其他条件。③

与国际法处于同一地位的国际制度是外交。布尔所采用的外交定义是：国家及其他世界政治实体之间通过官方代表并以和平手段进行交往的行为。④ 从历史上看，外交既可能是临时性的，也可能是制度化的。当今主权国家之间的外交接触是制度化的，因为它具有持久关系的性质，而且建立在大家普遍接受的规则和习惯基础上。布尔指出，在现代国际关系中，外交的制度化经历了几个重要的发展阶段：15 世纪意大利出现常驻使节制度并于 16 世纪传播到整个欧洲；到路易十四时期，外交使节的治外法权得到了法律承认；18 世纪出现了外交使团；在 1815 年维也纳会议上，欧洲国家达成了有关按照国家平等原则确定使团位次的协议；到 19 世纪末，土耳其、中国、日本、朝鲜和暹罗被纳入欧洲的外交体系之中；1961 年的《维也纳外交关系公约》使得传统的国家之间的外交习惯成为世界各国普遍接受的法律规则。⑤

对于国际秩序的维持，外交所发挥的功能包括：第一，方便国家及世界政治中其他实体的领导人之间进行沟通；第二，谈判以达成协议；第三，收集外国的情报或信息；第四，把国际关系中的摩擦减至最少；第五，象征国际社会的存在。从布尔所列举的这些功能来看，外交对国际秩序的维持似乎不如均势和大国管理那么直接，而是需要其他环节才能实现。

同国际法一样，外交对国际秩序的维持并不是必不可少的。布尔认

---

①　Hedley Bull, *The Anarchical Society: A Study of Order in World Politics*, p. 141.

②　就国际法与国际社会的关系而言，英格兰学派另一位代表人物查尔斯·曼宁指出：人们只有通过探讨国际社会的本质，才能为"国家为什么遵守法律？"这一问题寻找答案。参见 C. A. W. Manning, *The Nature of International Society*, London: G. Bell and Sons, 1962, p. 113。

③　Hedley Bull, *The Anarchical Society: A Study of Order in World Politics*, pp. 142 – 145.

④　Ibid., p. 162.

⑤　Ibid., p. 166.

为，外交在维持国际秩序中的作用，原则上都可以通过外交机制以外的方式得以发挥。虽然当今的外交制度要以国际社会为自己存在的前提，但是国际社会的存在并不以外交制度的存在为前提。①

三　既维持又破坏秩序的制度

把战争视为国际社会中的一种制度似乎有悖常理，布尔本人也意识到了这一点。但他强调:"从战争是一种稳定的、促进共同目标的行为模式这个意义上讲，它无疑过去一直是、而今依然是一种制度。"②

在五项制度中，战争对维持秩序的作用最为复杂。布尔对战争的定义是:政治单位之间进行的有组织的暴力行为。③ 他观察到，这种暴力行为具有双重性质:一方面，它是实现国际社会目标的手段;另一方面，它又会导致国际社会破裂并进入"所有人反对所有人"的战争状态。换言之，战争既能维持秩序，也能破坏秩序。正因为如此，国际社会通过多种方式限制国家发动战争的权利:它规定只有主权国家才能发动战争;它通过传统的战争法规等手段来限制战争的进行方式;它通过中立法来限制战争地理范围的扩大;它力图通过正义战争学说和《联合国宪章》等法律工具来限定国家发动战争的理由。④

但是，战争在维持国际秩序中也会发挥积极作用:第一，它是执行国际法的手段;第二，它是维持均势的手段;第三，它可以导致正义变革。从布尔的论述来看，战争显然是一种间接发挥作用的制度，因为它是国际法、均势和正义变革的手段，而这三者则是维持秩序的途径或条件。当然，布尔在这里将正义变革作为实现秩序的条件令人意外，因为正义与秩序的关系往往具有不兼容性。

在核时代，不受限制的战争显然不能成为外交政策的工具。但是，战争仍然具有政治作用，原因在于:第一，大多数国际冲突并没有核大国的直接卷入;第二，在一场有一个核大国直接卷入的国际冲突中，其对手可能是一个非核国家，在这种情况下使用核武器要在政治和道义上付出代价;第三，即使冲突双方都拥有核武器并存在相互毁灭的危险，在政治上

---

①　Hedley Bull, *The Anarchical Society: A Study of Order in World Politics*, pp. 167, 179.

②　Ibid. , p. 184.

③　Ibid. .

④　Ibid. , pp. 188 – 189.

使用武力的可能性还是相当大的（比如有限制地使用武力或进行武力威胁）。① 布尔认为，在他写作的年代，核大国之间的战争在政治上已经不可行，均势只能通过武力威胁、危机管理和代理人战争来维持。②

第二节　制度的选择标准

对于五项制度的基本功能和作用方式，布尔着墨颇多，学界亦有共识。但对于五项制度的选择标准，布尔所言无几，学界颇多异议。有人抱怨说，布尔从未给制度下一个完全的定义，也没有给出一个明确的选择标准。他只是简单罗列了五项制度，而他的列举也是不充分的。比如，卡列维·霍尔斯蒂问道："为什么是那些制度，而不是领土或全球市场？"③

一　国际制度的多种类型

巴里·布赞指出，五项制度说在英格兰学派内部没有形成共识。根据他的归纳，英格兰学派的其他学者所列举的国际制度包括：（1）马丁·怀特：宗教场所和节日，王朝原则，贸易，外交，联盟，担保，战争，中立，均势，国际法，主权；（2）詹姆斯·梅奥尔：外交，均势，国际法，主权，领土完整，不干涉，自决，非歧视，人权，民族主义；（3）卡列维·霍尔斯蒂：贸易，外交，战争，国际法，国家，主权，领土，殖民主义；（4）艾伦·詹姆斯：外交，国际法，主权，政治边界；（5）罗伯特·杰克逊：外交，战争，国际法，主权，殖民主义。④

另一方面，即使同一个学者，也可能在不同的时期、不同的著述中对制度的选择和陈述有所不同。据伊恩·克拉克所言，怀特曾在一处将"外交、同盟、担保、战争和中立"视为制度，而在另一处又将外交、同盟、均势、担保、仲裁和战争视为制度；沃森在一处将均势、国际法、会议解决争端和外交视为制度，而在另一处又将国际法、合法性、外交和武

①　Hedley Bull, *The Anarchical Society: A Study of Order in World Politics*, pp. 189 – 194.

②　Charles A. Jones, "War in the Twenty – first Century: An Institution in Crisis", in Richard Little and John Williams, eds., *The Anarchical Society in a Globalized World*, p. 171.

③　K. J Holsti, "Theorising the Causes of Order", p. 137.

④　Barry Buzan, "Rethinking Hedley Bull on the Institutions of International Society," in Richard Little and John Williams, eds., *The Anarchical Society in a Globalized World*, pp. 78, 81, 86.

力/受限制的战争视为制度。① 这说明,在英格兰学派内部,关于制度的划分是比较复杂的,甚至是比较混乱的。

二 五项制度的选择标准

在讨论制度问题时,难道布尔真的没有一个自己的选择标准,而只是简单地罗列了几种制度吗?对于布尔这样一位治学严谨的学者来讲,这样的情况是难以想象的。布尔从 20 世纪 60 年代就开始思考制度问题,至《无政府社会》成书已有十余年,显然是经过深思熟虑的。那么,布尔到底有没有自己选择制度的标准呢?回答是肯定的。布尔曾经对制度进行过简单界定:"我们所说的制度并不一定指某一组织或某一管理机构,而是指一套用于实现共同目标的习惯和惯例。"② 就他所说的五项制度来看,我们可以从中发现一些共性。布尔对制度的选择标准,似乎就隐含在其中。

第一,功能性。制度要对维持国际秩序起作用,具体表现为促进国际社会主要目标的实现,它们包括维持国际社会本身的存在、维护国家的主权和独立、和平,以及所有社会所共有的生命、诚信和财产权。凡是不对国际秩序的维持发挥积极作用的,均不在制度之列。

第二,自发性。制度本质上属于习惯和惯例,是历史上自然形成的,而非人为创设的。他指出,国际社会中的制度早在国际联盟和联合国诞生几百年之前就在欧洲历史上存在了。这些制度虽然受到上述国际组织的一些影响,但并未从根本上受其干扰。③ 当然,自发性并不意味着没有成员的参与,而是说没有成员之间长期有意识的促成。

第三,社会性。制度不必是一个组织或机构,也不必是行为体的内在属性(比如主权和领土,这已经包含在布尔所说的国家这一最基本的制度中去了),而是行为体之间在互动中形成的关系模式。关系性也意味着社会性,所以我们看到:均势既有对抗性的一面又有联合性的一面④,国际法在大多数时候为大多数国家所遵守,外交机制被各国普遍奉行,对战

---

① Ian Clark, *Hegemony in International Society*, p. 53.
② Hedley Bull, *The Anarchical Society: A Study of Order in World Politics*, p. 74.
③ Hedley Bull, "World Opinion and International Organization", p. 428.
④ Richard Little, *The Balance of Power in International Relations: Metaphors, Myths and Models*, p. 130.

争的一定程度的限制得到普遍认可，大国的特殊地位需要国际社会其他成员的默认①。

第四，国际性。制度体现的是主权国家之间（或者在更广泛的意义上，独立政治行为体之间）的关系，而不是世界政治中的其他行为体之间的关系。因此，全球市场、人权之类就不属于国际制度。

第五，连续性。尽管制度在威斯特伐利亚和会以来的国际社会中表现最为明显，但它们在各个时期和各种类型的国际社会中或多或少都存在，比如，古希腊的城邦间关系、中国春秋战国时期的诸侯国间关系、现代的欧洲国家间关系以及当代的全球性国际关系。因此，殖民主义、民族主义之类就不属于制度。战争为什么是一种制度？布尔指出："从战争是一种稳定的、促进共同目标的行为模式这个意义上讲，它无疑过去一直是、而今依然是一种制度。"② 至于"二战"后才出现的相互核威慑，布尔则就它是一种制度还是准制度（quasi‒institution）犹豫不决。由于强调制度的连续性而非变迁性，布赞批评布尔的制度是静态的（static），利特尔也认为布尔对世界政治的静力学比动力学更感兴趣。③

第六，有限性。五项制度源自布尔所说的共处规则，其目的仅仅在于实现国家之间的共处这一最低程度的社会秩序。因此，国家本身这一根本制度就被排除在五项制度之外，而联合国等实现合作的制度也不在此列。

三　选择标准的一贯性

当然，布尔对制度的选取标准并不是特别严格、没有回旋余地的。比如，他曾在一些地方将联盟作为一种制度来看待④，在一些地方则将战争排除在制度之外。对于国际组织，他有时将其看作"假制度"，有时则又含蓄地承认它是一种国际制度。

之所以出现这种情况，原因之一是制度在国际关系中本身就是一个有弹性的因素。另一方面，这与布尔思想从初创到成熟的发展过程也是相关

---

① 在布尔看来，大国不仅要有一流的物质实力（如军事力量）作为支撑，还需要得到他国或者本国的承认，这就使得他的大国界定标准兼具物质性和社会性。参见王秋彬《赫德利·布尔的"大国"观评析》，第 28 页。

② Hedley Bull, *The Anarchical Society: A Study of Order in World Politics*, p. 184.

③ Barry Buzan, "Rethinking Hedley Bull on the Institutions of International Society", pp. 77－78; Richard Little, "The Balance of Power and Great Power Management", p. 115.

④ 张小明：《国际关系英国学派——历史、理论与中国观》，第 65 页。

联的。但不管怎样，五项制度说在布尔的制度思想中仍然占有主要地位，并且在多数情况下还是保持了相当程度的一贯性。

第三节　制度的相互关系

五项制度说并不是布尔国际制度思想的全部。如前所述，他还提出了国家这一最重要的制度，认为国家本身就发挥着使规则行之有效的作用。具体而言，国家通过相互同意（比如以多边公约形式予以确认）发挥着制定规则的作用；国家通过官方语言和行动，表明自己认可或者否认某个规则的有效性，从而发挥着传播规则的作用；国家通过自身或对其负责的国际组织来执行规则的附属条款，从而发挥着管理规则的作用；国家对有关法律、道义或操作规则给出自己的解释，从而发挥着解释规则的作用；国家通过自助行为，发挥着实施规则的作用；国家通过说服和宣传，促使规则的重要性获得广泛认可，从而发挥着使规则合法化的作用；国家通过自己的语言和行动，表示它们不再赞成旧的规则，主张以新的规则取而代之，从而发挥着调整规则的作用；国家通过创造或者维持使规则得到尊重的条件，发挥着保护规则的作用。①

既然国家本身就能够使规则具有效力，那为何还需要前述五项制度发挥作用呢？在国际社会中，国家制度与均势等五项制度之间究竟是什么关系？而五项制度相互之间又是什么关系？对此，布尔本人并没有专门详述。但从他对各项制度的相关论述中，我们可以找到初步答案。

一　国家是五项制度的共同前提

布尔指出，国家在发挥作用的时候，会在各种程度上根据国际社会中的五项制度相互合作。这些制度并不否定国家在履行政治职能方面的核心地位，它们只是表明国家在发挥作用时可以进行合作；同时，它们也是支撑这种合作的手段。②

据此，我们可以推断：（1）国家在国际社会中处于核心地位，是国际社会的行为主体。不管五项制度如何重要，它们在发挥作用时都离不开

---

① Hedley Bull, *The Anarchical Society: A Study of Order in World Politics*, pp. 71 – 74.

② Ibid. , p. 74.

国家这个载体。从本体论上讲，国家是五项制度的共同前提。（2）国家在国际社会中不是各自发挥作用，而是通过五项制度进行合作，共同发挥作用。换言之，五项制度是国家发挥作用的基本途径。（3）国家发挥作用和五项制度发挥作用不是两个过程，而是一个过程的两个方面，二者是相互依存的关系。没有国家，五项制度发挥作用就没有实体；没有五项制度，国家发挥作用就没有渠道。（4）五项制度支撑着国家之间的合作，但这是对国家主体地位的支撑，而不是对具体国家的地位和政策的支撑。国家（而不是超国家、跨国家或次国家行为体）作为国际社会基本成员的身份需要五项制度来加强，但具体国家的主权独立并不是五项制度运行的首要目标。例如，均势的运行有时就是以损害个别国家的独立为代价的，战争也会威胁到特定国家的生存。

二 均势是其余四项制度的运行条件

对于这一点，布尔自己的看法是很明确的。他指出："国际法、外交体系、战争和大国对国际体系的管理都以下述情景为前提：没有一个大国的力量处于绝对优势地位。所有这些制度作用的发挥都有赖于这样一种可能性：如果一国违反规则，其他国家能够采取对应行动。"①

在国际社会中，如果一个国家处于绝对优势地位（无论是在整个体系中还是在特定地区），那么它就可能无所顾忌地忽视国际法，不遵守外交规则和程序，剥夺竞争对手以战争手段捍卫其利益和权利的能力，或者忽视大国之间相互礼让的惯例。由此可见，均势是其余四项制度得以运行的前提条件。正如安德鲁·赫里尔所说："如果没有均势以及大国之间对其相互关系行为的持续、稳定的理解，那么国际秩序中诸如国际法、国际组织、共同价值观的存在之类的'软'（softer）因素就将成为空中楼阁。"②

三 五项制度之间存在相辅相成的关系

不仅均势为其他制度作用的发挥创造条件，而且各项制度在发挥作用时具有联动效应。（1）国际法可以规范战争行为，对外交和大国管理起

---

① Hedley Bull, *The Anarchical Society: A Study of Order in World Politics*, p. 117.

② Andrew Hurrell, "Foreword to the Fourth Edition", in Hedley Bull, *The Anarchical Society: A Study of Order in World Politics*, Fourth Edition, p. Ⅷ.

促进作用，降低均势运行的成本。（2）外交可以便利各国之间的交往，促进国际法的发展，降低战争失控的可能性，维持均势的平稳运行，促使大国管理局面的形成。（3）战争可以维持均势，重塑外交环境，确定大国的势力范围、责任范围和利益范围，以强力手段促成国际法的有效执行。（4）大国管理可以避免或制止大国间的战争，维持总体均势，[①] 完善外交机制，对国际法的执行产生示范效应。

　　当然，五项制度之间也存在一定程度的冲突。均势是国际法运行的实质性条件，但均势的维持往往会违反国际法。比如，维持均势需要对某一国家迅速增长的权力或威胁使用武力，而不管该国是否遵守法律规则。战争可以迫使某些国家执行国际法，但战争的进程经常违背国际法的某些原则。国际法可以便利大国对相互关系和国际事务的管理，但遵守国际法的行为往往限制大国在维持秩序过程中的行动自由。大国管理不仅容易压制多边外交的发展，而且明显违背国际法中的主权平等原则。尽管如此，这些冲突的存在并不意味着五项制度无法共同维持国际秩序，它们只是表明这些制度在维持国际秩序的过程中需要实现最佳组合，而国家间的互动行为则影响着各种组合的实际结果。

---

　　① 理查德·利特尔指出，如果没有制度化的大国，均势就既不会出现，也不能持续。参见 Richard Little，"The Balance of Power and Great Power Management"，p. 97。

第五章　世界秩序的维持:比较分析

> "对于石尔论述国际社会中的制度之学术遗产,我们所能表达的最高敬意就是接受他所开启的研究议程的重要性,同时摒弃他的很多具体表述。"
>
> ——巴里·布赞

就维持国际秩序的制度而言,赫德利·布尔与亚当·沃森的观点值得比较。沃森是和怀特同时代的人,但学术成名晚于布尔,甚至晚于布尔的学生文森特。布尔1961年就因出版《军备竞赛的控制》而声名鹊起,1977年出版《无政府社会》后跻身国际关系思想大师行列。文森特1974年因出版《不干涉与国际秩序》而一举成名,1986年出版《人权与国际关系》后名声大噪。相比之下,沃森的成名之路则要漫长得多。他迟至1992年才出版了代表作《国际社会的演进》,后于2007年又出版了一本有影响的论文集《霸权与历史》。

但同怀特、布尔和文森特一样,沃森也是英格兰学派的一位重要代表人物,对这一学派思想的发展做出了重大贡献。他曾先于布尔担任英国国际政治理论委员会主席之职,在1972—1977年间主持委员会的日常学术工作。在国际社会的历史研究方面,他系统地考察了国际社会的演进轨迹,他的《国际社会的演进》一书发挥了承前启后的思想传承作用——前承怀特的《国家体系》,后启布赞和利特尔的《世界历史中的国际体系》。在国际社会的理论研究方面,他就国际体系与国际社会的异同以及国际社会在全球化时代的新发展提出了一些颇具吸引力的观点,近年来在英格兰学派内部引起了广泛的关注。

布尔与沃森关系密切,二人同为英国国际政治理论委员会成员,并合作主编了《国际社会的扩展》一书。但二人的学术风格差异较大。布尔学习哲学出身，善于思考宏大问题，试图通过概念界定和类型划分来建构思想体系。沃森则同他的老师赫伯特·巴特菲尔德一样，具有历史学家的气质，善于进行深入细致的案例考察，试图从中提炼出理论观点来。

在布尔所提出的国际社会的五项制度中，最值得关注的便是大国管理。这一方面是因为，大国管理既直接涉及行为体又直接涉及行为本身，具有双重重要性；另一方面则是因为，在英格兰学派主要学者中，只有布尔一人认为大国管理是一种制度，具有特殊性。而在沃森的思想中，最具有特色的便是他对集体霸权的论述。因为这一论述挑战了霸权稳定论的基本观点，即霸权只能由一个国家独享，不能由多个国家分享。将布尔的大国管理思想与沃森的集体霸权思想进行比较研究，既有助于我们进一步理解布尔所说的国际制度的本质，也有助于我们进一步思考在多个大国并存的条件下世界秩序如何维持的问题。

第一节　亚当·沃森的霸权秩序观

沃森关于霸权的论述，主要涉及三个方面的问题：第一，政治单位之间的关系模式以及霸权在其中的位置；第二，霸权的类型划分；第三，集体霸权的基本特征及其合法性。本节主要依据《国际社会的演进》和《霸权与历史》两本著作，对沃森的相关思想进行评述。

一　光谱理论和钟摆模型

沃森通过对历史的考察发现，以往的政治实体之间的关系处于一个光谱之中，可以分为四种类型①：独立（independence）、霸权（hegemony）、支配权（dominion）和帝国（empire）。其中，绝对的独立和绝对的帝国在实践中都是不存在的。由于政治实体寻求秩序与寻求独立之间的张力，使得国际体系的形态就像钟摆一样，因重力作用而在两个极端之间来回摆

① Adam Watson, *The Evolution of International Society*: *A Comparative Historical Analysis*, pp. 13 – 14. 有学者认为沃森提出了国家间关系的五种类型，其中还包括宗主权（suzerainty）。参见许嘉等《"英国学派"国际关系理论研究》，第 190 页。笔者以为，这种理解是值得商榷的。沃森明确指出政治实体之间关系分为四种类型，而宗主权是一个非常模糊的概念，他将其放在霸权条目下进行特殊处理。另见 Adam Watson, *Hegemony and History*, pp. 19 – 21。

动，其中间点处于霸权和支配权之间。

在沃森的定义中，体系中的独立国家是指在对外和对内事务中享有最终决定权的政治实体。霸权是指能够就整个体系的运行"发号施令"（lay down the law）的某种权力或权威，它在一定程度上决定成员之间的对外关系，但保留其处理对内事务的独立性。在存在支配权的情形下，一个帝国权威在某种程度上决定其他共同体的内政，但这些共同体仍然保留它们作为独立国家的身份和对一些内部事务的控制权。比如苏联与那些形式上保持独立的东欧国家的关系，以及英国殖民当局与印度诸王国之间的关系。帝国是指由一个帝国中心来直接管理各种共同体的模式。①

按照沃森的钟摆理论，霸权不是国际关系中的某种例外或畸形，而是一种常态。古代国际体系、欧洲国际社会和冷战时期的全球体系都具有霸权倾向。② 沃森明确宣称："我坚持认为，实际上任何已知的'国际'体系都存在某种程度的霸权；由国家组成的纯粹无政府社会只具有理论上的绝对性，它从来不曾实现过。"③ 怀特将欧洲体系称为"一连串的霸权"，沃森对此表示赞同。

二 个体霸权与集体霸权

在其他地方，沃森对霸权进行了更加详细的界定："我所说的霸权是指在技术、经济和战略方面具有优势的物质状况，它使得一个大国、一些大国或集体行动的大国以其巨大的引诱和压力而导致大多数其他国家丧失某些外部和内部的独立性。"④ 伊恩·克拉克认为，沃森的这一定义有两点值得重视 第一，它单纯强调霸权的物质方面，更接近于现实主义而非英格兰学派的路径；第二，它指出霸权可以是集体的，体现了一些大国与国际社会其他成员之间的关系。⑤ 而正是这后一点，才引出了集体霸权的概念。

---

① Adam Watson, *The Evolution of International Society: A Comparative Historical Analysis*, pp. 14 – 16.

② Ibid., p. 313.

③ Adam Watson, *Hegemony and History*, p. 35.

④ Ibid., p. 90.

⑤ Ian Clark, *Hegemony in International Society*, p. 40.

沃森认为，霸权既可以由一个实力强大的国家来实施，也可以由一组实力强大的国家来实施。后者的例子包括波斯战争之后的雅典—斯巴达双头霸权（dual hegemony）和 1815 年之后由五个大国实施的分散式霸权（diffused hegemony）。① 也就是说，霸权可分为个体霸权（individual hegemony）和集体霸权（collective hegemony），或分为单一（single）霸权、双头（diarchy）霸权和集体霸权。

19 世纪的欧洲协调是沃森最爱举的集体霸权的例子。大国之间互不信任，因而不主张某一国采取单边的干涉行动，而是经过协商后采取集体行动。在这一框架中，参与协调的大国奉行"体系利益至上"（Raison de système）的原则。这当然不排除大国之间的利益冲突，但它们可以在这一体系的框架内，根据维也纳安排的设计者们所修订的行为准则，来解决此类冲突。② 相较于 18 世纪的主权者俱乐部，19 世纪的集体霸权是一个巨大的进步：没有一个大国处于支配他国的地位，但如果它们对彼此的行动持默许态度，那就不可挑战。"维也纳会议后的欧洲协调是一种松散的霸权，它在国家社会中发号施令，同时保留大国之间的相互独立以及小国在很大程度上的独立。"③

三 集体霸权的基本特征

从 19 世纪的大国协调中，沃森总结了集体霸权的一些条件：第一，没有一个大国的实力比其他大国的联合实力更强大，但也不需要每个大国实力都相等；第二，参与协调的各国不必在任何时候都意见一致，但它们必须都认识到使国际社会正常运行的好处，也就是说要有体系利益至上的意识；第三，大国之间的紧张和警惕必须具有一定程度的动态性，以便各大国可以联合起来制衡某一大国提出的过分要求。④

从 1878 年柏林会议上的欧洲协调，沃森又看到集体霸权的三个特征：第一，审慎（prudence）：大国将权宜之计置于抽象原则之上，比如保留奥斯曼帝国的欧洲部分在名义上的主权，但它们以各种形式在帝国的各个行省承担管辖责任；第二，道德义务（moral obligation）：协调大国乐意承

---

① Adam Watson, *The Evolution of International Society: A Comparative Historical Analysis*, p. 15.
② Ibid., p. 240.
③ Ibid., pp. 320 – 321.
④ Ibid., p. 322.

担集体责任,尤其是在人权方面;第三,文明标准（standards of civiliza-
tion）:大匡力图将它们自己所信奉的欧洲的文明标准强加给在它们看来
是非欧洲的国家。① 就维也纳会议的总体安排而言,沃森也认为它体现了
审慎的原则:战败的法国不仅没有被惩罚或剥夺大革命以前的欧洲领土,
而且被四大国联盟接纳为平等的成员。这与"一战"后对德国的处置形
成鲜明对比。②

　　集体霸权的合法性（legitimacy）从何而来? 这是沃森讨论比较多的
一个问题。'合法性是对权威的接受,权威是一种通过被服从而获得的统
治权利或统治者的权利,它不同于通过强制而获得的权力。"③ 沃森形象
地指出,合法性是国际社会的润滑剂,能够在维持国际秩序方面起促进作
用。集体霸权合法性的第一个来源是参与集体霸权的大国自身的属性。在
19 世纪,参与协调的大国包括:俄国、英国（那时常常称为英格兰）、奥
地利（后来变成奥匈帝国）、法国、普鲁士（后来扩展成德国）以及统一
后的意大利。协调各国拥有欧洲大多数的人口、财富和军事能力。第二个
来源是大国之间的合作关系。在欧洲协调的大多数时段,大国之间处于合
作状态,而非对抗和冲突状态。第三个来源是大国对小国的集体责任。比
如,协调各国为处理东方问题于 1878 年召开柏林会议,根据文明标准就
奥斯曼帝国的欧洲部分所做出的决定是:帝国的领土完整应当得到维持,
但特定动荡地区的行政管理应当委托给参与协调的一个或多个大国。奥斯
曼帝国承诺就一些必要的改革与协调大国磋商,后者就改革的执行情况进
行监管。在沃森看来,这恰恰体现了集体责任（collective responsibility）
的理念。

　　集体霸权是否具有合法性确实重要,但沃森的例证似乎并不完全符合
他的定义。既然合法性要以服从为前提,那么小国是否愿意接受大国对国
际事务的集体安排,就应当成为检验集体霸权合法性的主要标准。沃森只
从大国的属性和行为这一向度来思考问题,对小国的属性和态度却置之不
理,显然有失偏颇。

---

① Adam Watson, *Hegemony and History*, p. 101.
② Adam Watson, *The Evolution of International Society: A Comparative Historical Analysis*, p. 239.
③ Ibid., p. 17.

第二节　大国管理与集体霸权

亚当·沃森发现：布尔可能倾向于将霸权看作一种反常现象（aberration），《无政府社会》的索引中甚至没有出现这个词。① 这一看法得到了伊恩·克拉克的呼应。他说："我越来越想搞清楚的问题是，一种十分强调大国在管理国际秩序中的作用的理论竟然对单一大国的潜在作用几乎什么都没说，这一点煞是怪异。事实上，作为这一学派的头号学者，赫德利·布尔曾断然否认存在这种庞然大物！"②

其实，布尔在霸权问题上并非一言未发。在谈到大国管理时，布尔曾经指出，大国在特定地区或特定国家群体中单方面利用自身优势来维持国际秩序，有三种表现形式："主导地位"（dominance）、"首要地位"（primacy）和"霸权"（hegemony）。

主导地位的特点是：一个大国习惯于对作为其腹地的小国使用武力，通常无视那些赋予小国以主权、平等和独立权利的普遍的国家间行为规范。首要地位是和主导地位相对的，其特点是：一个大国在与一些小国的关系中处于优势地位，但这种地位的获得既没有依靠武力或武力威胁，也没有超越通常对主权、平等和独立规范的漠视程度。霸权是介于主导地位和首要地位之间的一种地位，其特点是：一个大国在特定地区或格局中对小国诉诸武力或以武力相威胁，但这并不是习惯性的和不受约束的，而是偶然的和勉强的。用格奥尔格·施瓦曾伯格（Georg Schwarzenberger）的话说，它是一种"彬彬有礼的帝国主义"。③

由此看来，那种认为布尔纯粹没谈霸权的看法是不对的，尽管布尔谈得不多。④ 另外，布尔将霸权定义为单个大国与其他小国之间的关系模式，因而从定义上就排除了集体霸权的可能性。即使是单一霸权，布尔也认为，在他写作的年代，全球范围内不存在这种霸权，但特定地区存在。

---

① Adam Watson, *Hegemony and History*, p. 36.

② Ian Clark, *Hegemony in International Society*, "Preface," p. Ⅴ.

③ Hedley Bull, *The Anarchical Society: A Study of Order in World Politics*, pp. 214 – 219.

④ 沃森回忆说："赫德利·布尔在和我交谈时同意，在历史实践中存在某种程度的霸权或帝国权威。他说自己不是一个历史学家，而是一个政治学家。"参见 Adam Watson, *Hegemony and History*, p. 35。

当然，布尔是在大国管理的语境中谈霸权的，这与沃森将霸权视为国际社会的普遍现象毕竟有很大的不同。本节首先谈二者的一致性，然后谈二者的差异性，最后结合 21 世纪的国际形势探讨两种思想的理论意义和现实意义。

一　大国管理与集体霸权的一致性

布尔所说的大国管理与沃森所说的集体霸权并不是两种截然对立的事物，二者的一致性表现在诸多方面。

第一，都强调大国的特殊地位、权利和责任。无论是大国管理还是集体霸权，都以多个大国的存在为前提。这些大国不仅具有特殊的实力地位，而且还被赋予了特殊的权利和责任。布尔在对大国的定义中就指出了这一点，而沃森则强调：具有霸权权威的国家除了承担其他主权国家应尽的义务之外，还应当承担比其他国家更多的责任。大国有义务为发展中国家提供经济援助，为国际社会提供各种"公共产品"，维护国际社会的稳定和秩序。①

第二，都强调大国的特殊地位应当具有合法性。布尔认为，大国的权利和责任不仅需要本国人民的认可，而且需要其他国家的承认。据此，他将拿破仑的法国和希特勒的德国排除出大国之列。从功能上讲，只有当足够多的国家承认大国管理具有合法性时，大国才能够在国际社会中行使其管理职能。为此，布尔指出了大国寻求自身特殊地位合法化的一些条件，比如不能将自己的特殊地位完全正式化和明确化，把一些二流强国变成管理相关地区之均势的伙伴，等等。② 沃森也认为，集体霸权的合法性不仅来源于大国自身的属性，而且来源于它们之间的合作，以及大国对小国的集体责任。如前所述，沃森在这方面的主要问题是没有照顾中小国家的感受。

第三，都强调大国整体利益和整个国际社会利益，体现了整体主义的思想倾向。布尔认为国际秩序是支撑国际社会基本目标的行为模式，其中的第一个目标就是维护国际社会本身的存在，这是比维护国家独立和维护和平更重要的。而沃森更是明确指出，集体霸权要秉承"体系利益至上"

---

① 许嘉等：《"英国学派"国际关系理论研究》，第 213 页。
② Hedley Bull, *The Anarchical Society: A Study of Order in World Politics*, pp. 228 – 229.

的理念。大国之间要努力解决彼此的冲突，而对小国事务要采取集体行动。当然，这一思想倾向也容易招致批评。正如雷蒙·阿隆所说："含蓄地假设国家以维护或运作体系为目的，就是迂回到某些权力政治理论家的错误上来，即把对决策手段或背景的考量与目标本身混为一谈。"①

第四，都强调秩序的重要性，事实上体现了秩序优先于正义的理念。布尔和沃森同举的例子是 19 世纪的欧洲协调，但欧洲协调对他国内政的干涉是不容否认的。布尔认同 20 世纪的美苏两大国对自己势力范围内小国事务的干涉，认为这是大国管理的题中应有之义。沃森则对 1900 年的八国联军侵华津津乐道，完全不从小国和弱国的角度考虑问题。

二　大国管理与集体霸权的差异性

沃森的集体霸权概念为布尔的大国管理概念增添了哪些新内容呢？或者更一般地讲，大国管理与集体霸权有哪些不同之处呢？

第一，理论基础不同。大国管理的理论基础是国际社会的多元主义，而集体霸权的理论基础是连带主义。在布尔的论述中，大国之间往往具有不同的政治制度和意识形态，因而只能在涉及共同利益方面进行有限合作。大国虽然也在客观上维护着国际社会的共同利益，但它们的出发点则是首先考虑自身利益。沃森则更加强调大国的合作应当在一定程度上超越国家利益，维护国际社会的整体利益，这就是所谓的"体系利益至上"原则。这种理论基础的不同，影响到大国之间的关系取向。大国管理既涉及大国间的合作，也涉及大国间的竞争和对抗，而集体霸权主要涉及大国间的合作。布尔认为冷战时期的美苏关系存在着一些大国管理的因素，比如防止核战争和相互尊重对方的势力范围。沃森虽然将 19 世纪的大国协调看作集体霸权，但他不认为美苏冷战是一种集体霸权，可能因为美苏之间的竞争与对抗因素比合作因素更明显。

第二，涉及范围不同。大国管理既涉及相互关系，也涉及每一大国单独处理本地区内的事务，而集体霸权主要涉及相互关系，它要求大国之间的集体行动。比如，在涉及重要的地区国际事务方面，大国管理是封闭性的（某一大国单独处理本地区事务），集体霸权是开放性的（所有大国联合处理该地区事务）。在 1956 年的国际关系中，我们可以发现一个有趣的

---

①　Raymond Aron, *Peace and War: A Theory of International Relations*, p. 131.

现象：美国在苏伊士运河事件中与苏联合作对英法施压，但在"匈牙利事件"上却对苏联的干涉行为听之任之。① 这正好体现了布尔的大国管理思想，用通俗的话说就是：地区性问题由本地区大国独自解决，全球性问题由世界各大国一起解决。大国管理允许势力范围、利益范围和责任范围的存在，而集体霸权则排斥这种特殊安排。

第三，作用方式不同。一方面，集体霸权比大国管理更正式，更加倾向于有明确的组织机构，比如欧洲维也纳安排以后的定期会议和当前的联合国安理会机制。布尔认为大国管理不必借助于正式的国际组织，而是一种在实践中形成的惯例。他说："通过授予国际联盟行政院和联合国安理会的常任理事国席位而承认大国的特殊权利和义务，并不意味着这些权利和义务来源于此。事实上，这些权利和义务在实践中早就被承认了。"② 而在沃森看来，20 世纪 90 年代以后大国共担责任的做法，似乎正在发展为在美国领导下的某种分散式霸权。今后霸权在战略方面可能接受美国的领导并表达五个常任理事国的共识，在经济方面则以七国集团为基础。③ 另一方面，大国管理比集体霸权更灵活，它不依靠特定的机制（比如定期的国际会议和常设的国际组织）来运作，因而可操作性更强。而且，大国管理是个体行动、个体责任与集体行动、集体责任的结合，而集体霸权只注重集体行动和集体责任，在一定程度上限制了大国的行动自由，因此它比大国管理更加机械。在特定历史条件下，集体霸权可以运作，但时过境迁后就难以恢复。尤其是当大国之间的社会制度和意识形态存在巨大差异时，集体霸权难以形成。正如雷蒙·阿隆在评述冷战时期的美苏关系时所说的那样："而今的大国不能共同统治（rule together），是因为它们的制度及合法性原则互不相容。"④

三　完善大国管理，扬弃集体霸权

布尔的代表作完成于 20 世纪 70 年代，沃森的代表作完成于 20 世纪90 年代。在 21 世纪初期，世界局势已经发生了很大变化。一方面，苏联

---

① ［法］雷蒙·阿隆：《雷蒙·阿隆回忆录：五十年的政治反思》，第 312 页。

② Hedley Bull, *The Anarchical Society：A Study of Order in World Politics*, p. 202.

③ Adam Watson, *The Evolution of International Society：A Comparative Historical Analysis*, pp. 322 – 323.

④ Raymond Aron, *Peace and War：A Theory of International Relations*, p. 164.

解体后,美国的实力地位明显高于其他大国,但俄罗斯仍然是军事强国并力图复兴,中国正在实现经济和综合实力的崛起,欧盟作为整体在国际事务中发挥着重要作用。从实力分配来看,形成了多个力量中心并存的局面。另一方面,核扩散、恐怖主义、气候变化、资源缺乏、环境污染等全球性问题更加突出,都需要世界各国尤其是大国之间努力合作才能有效应对。那么,布尔的大国管理思想和沃森的集体霸权思想仍然适用吗? 或者说,哪种思想更适用?

首先,从大国与大国之间的横向关系来看,布尔的大国管理思想与沃森的集体霸权思想都具有适用性。原因在于,二者都以多个大国的存在为前提,以这些大国之间的合作为支撑。至于这些大国之间的具体实力分布,二者的表述貌离神合。沃森明确指出,集体霸权的运作不需要每个大国实力都相等。而根据布尔对大国的定义,大国管理要求各大国的实力大致相等。从理论上讲,"实力大致相等"是一个具有弹性和包容性的论点。例如,在分析 20 世纪 70 年代的国际局势时,布尔就经常将中国和美国、苏联并列为大国。从现实来看,当前美国的实力地位并没有达到超过所有其他大国力量的总和,从而可以在国际上任意发号施令的地步。

其次,从大国与小国之间的纵向关系来看,布尔的大国管理思想比沃森的集体霸权思想更具有适用性。沃森的集体霸权思想将小国视为大国权力的客体,其合法性来源是单向度的。那就是说,只要大国的行为是"集体"的,它们在国际社会中发号施令就是"合法"的,八国联军侵华便是一例。这显然没有考虑到小国和弱国的利益,从而使集体霸权有可能变成"集体霸权主义"。而布尔的大国管理思想则强调,大国的特殊权利和责任不仅需要得到本国的承认,而且需要得到其他国家的承认,其中自然包括小国的领导人和人民的承认。因此,其合法性来源是双向度的。

再次,从应对全球问题的角度来看,布尔的大国管理思想和沃森的集体霸权思想都具有适用性。原因在于,二者都强调大国的特殊地位和特殊责任。布尔曾对美国和苏联的不负责任行为进行了猛烈的批评,认为它们是"最大的不负责任者"(the great irresponsibles)①。沃森也强调大国在维护国际秩序方面负有集体责任,应当集体行动。联系 21 世纪初关于气

---

① Hedley Bull, "The Great Irresponsibles? The Unitied States, the Soviet Union, and World Order", *International Journal*, Vol. 35, No. 3, 1980, pp. 437 – 447.

候变化问题的国际谈判，我们不难发现：这一进程无法顺利推进的一个重要原因就是，有些大国在这方面不愿担负特殊责任，美国退出《京都议定书》便是一例。

最后，从应对地区问题的角度来看，布尔的大国管理思想比沃森的集体霸权思想更具有适用性。大国管理既强调大国在全球范围内的联合行动，又不限制大国在各自地区范围内的单独行动。这种灵活性的安排，给了大国以充分的行动自由。当然，这种行动自由仅限于本地区事务。比如，美国在中东地区的军事行动就不符合大国管理的设计理念。而集体霸权不主张大国的单独行动，因而在大国就相关问题无法达成一致时便难以发挥作用。

由此看来，在当前国际关系中，布尔的大国管理思想比沃森的集体霸权思想具有更大的适应性。集体霸权虽然强调"体系利益至上"和大国集体行动，但因其合法性不足和可行性不强而需要扬弃。当然，对于大国管理，我们也不能毫无保留地全盘接受并付诸实施。正确的做法应该是，对其基本理念进行改进和完善，增强其合法性和可行性。比如，对于其中的"势力范围"和干涉思想需要谨慎对待，避免滑入全球范围内的集体霸权或地区范围内的单一霸权。

第三节　反思布尔思想：潜制度

当布尔将国家本身当作国际社会中最基本的制度时，它与均势等制度处于同一个层次吗？当他将均势看作其他制度的前提时，它与国际法等制度处于同一个层次吗？当他将联合国等国际组织斥为"假制度"时，它们与前述制度之间处于同一个层次吗？本节依据布尔的国际制度思想，试图提出一种新的关于国际制度的层次划分方式，进而指明前述五项国际制度的本质特征。

一　本构制度、共处制度与合作制度

在英格兰学派的代表人物中，马丁·怀特、赫德利·布尔、巴里·布赞等人都曾区分过不同类型的制度。怀特区分了基本的国际制度（basic international institutions）与狭义上的"制度"（"institutions"in the narrower sense），他认为基本的国际制度是在不同程度上与联合国和国际联盟

这些狭义上的"制度"结合在一起的。布尔也区分了基本制度与假制度（pseudo – institutions），并主张应从其为更基本的制度（more basic institutions）之运行做出贡献的角度来理解联合国及其他国际组织的作用。① 巴里·布赞则把英格兰学派所说的制度称为初级制度（primary institutions），它们是国家和国际社会的构成要素；而把机制理论（regime theory）所说的制度称为次级制度（secondary institutions），它们是特定类型的国际社会的产物，并且六都是国家有意创设的。他进一步指出，布尔本人在谈及政府间国际组织时，曾含蓄地区分了初级制度和次级制度。②

对初级制度与次级制度的区分是有意义的，因为英格兰学派所说的制度与新自由制度主义者所关注的制度确实有很大的不同。但是，布赞所使用的术语是让人难以理解的。用初级/次级、首要/次要、基本/从属等词语来描述事物，难以让人从术语上立刻明白其含义（布赞所说的"一阶社会"和"二阶社会"的区分也存在这种问题），需要进行二次解释。

布赞还发现，在英格兰学派学者中有一种倾向，即将初级制度中的一种看作主要制度（master institution），其地位高于其他制度。比如，梅奥尔认为国际法是一种基石性的制度（the bedrock institution），詹姆斯将主权视为"国家间关系的根本原则"，霍尔斯蒂则区分了基础性制度（"foundational" institutions，比如国家、领土、主权和国际法）和过程性制度（"process" institutions，比如外交和贸易）。③ 在布尔的著作中，学者们也发现了一些证据。他们认为，布尔将均势当作其他制度的前提条件，意味着均势是高于国际法等制度的主要制度。霍尔斯蒂认为，布尔含

---

① Martin Wight, *International Theory: The Three Traditions*, p. 141; Hedley Bull, *The Anarchical Society: A Study of Order in World Politics*, p. ⅹⅳ.

② Barry Buzan, "Rethinking Hedley Bull on the Institutions of International Society", pp. 77 – 78, 81. 关于"primary"和"secondary"的区分，在英格兰学派及其相关著作中时有出现。比如，布尔的老师赫伯特·哈特将法律规则区分为"primary rules"和"secondary rules"，中译本将其译为"初级规则"和"次级规则"。参见哈特《法律的概念》，第 74 页。马丁·怀特曾将国家体系区分为"primary states systems"和"secondary states systems"，有学者将其译为"基本的国家体系"和"从属的国家体系"。参见赫德利·布尔《无政府社会》，第 9 页。巴里·布赞关于"primary institutions"和"secondary institutions"的区分，中国学者一般译为"首要制度"和"次要制度"。但"首要"和"次要"表示重要性，这不符合作者原意。笔者认为，应当译为"初级制度"和"次级制度"。

③ Barry Buzan, "Rethinking Hedley Bull on the Institutions of International Society", pp. 87 – 88; K. J. Holsti, "Theorising the Causes of Order", p. 138.

蓄的表明制度是有等级的，国家和均势是最基本的制度。①

笔者认为，在英格兰学派所说的国际制度内部再区分出主要制度和其他制度，意义不大。一方面，虽然布尔认为均势是其他制度的运行条件，但他的分析表明实际上各项制度之间是相互影响的。另一方面，主要制度和其他制度之分与前面所说的初级制度与次级制度之分一样，由于表述不清而不得不进行二次解释。

布赞等英格兰学派学者将制度区分为初级制度和次级制度，在初级制度内部又进一步区分了主要制度和其他制度，这种做法极易造成理解上的混乱。那么，怎样才能对制度进行一种更加合理的层次划分呢？让我们先来了解一下布尔是怎么对规则进行划分的。

将维持国际秩序的规则分为三类，这是布尔思想中比较有特色的部分：（1）基础性或宪制性规范原则（the fundamental or constitutional normative principle）：这一原则将国家组成的社会（成员是国家，成员关系是社会性的）这一观念而非普遍帝国、由个人组成的世界共同体或霍布斯式的自然状态等其他观念，确认为人类政治组织的最高规范原则。（2）共处规则（the rules of coexistence）：如果说基础性规范原则指明谁是国际社会的成员，那么共处规则则是要表明成员之间实现共处的最低程度的条件。它们包括限制使用暴力的规则，规定信守承诺的适当行为的规则以及规定各国对其民众和领土的管辖权的规则。（3）调节国家间合作的规则（the complex of rules concerned to regulate cooperation among states）：有关国家在经济、社会、通信和环境问题上进行合作的法律规则，就属于此种类型。②

从布尔的分类来看，他所说的规则是有层次的。基础性规范原则陈述了基本的排序原则或社会结构，它是成员之间实现共处与合作的前提条件。在国际社会中，这一原则就是主权。如果主权原则改变了，共处规则就会发生很大变化。③而共处规则又是实现合作的前提条件，因为成员之间如果连最低程度的共处都实现不了，那么在具体领域的合作也就无从谈起。

---

① K. J. Holsti, "Theorising the Causes of Order", pp. 136 – 137.

② Hedley Bull, *The Anarchical Society: A Study of Order in World Politics*, pp. 67 – 71.

③ Barry Buzan, "Rethinking Hedley Bull on the Institutions of International Society", p. 79.

　　既然制度的作用就是使规则具有效力，那么对规则的层次划分自然也可以延伸到制度领域，虽然布尔本人并没有明确提及这一点。根据基欧汉对制度的两层次划分（一般的活动模式和具体的人为安排）和布赞对制度的双重两层次划分（初级制度和次级制度，初级制度内部再分为主要制度和其他制度），结合布尔对规则的三层次划分（基础性规范原则、共处规则、合作规则），笔者在这里尝试提出一种国际制度的三层次分析模式。第一层次是本构制度（constitutive institutions）。本构制度即本质性、构成性制度，确定体系类型、成员身份和互动模式，布尔认为国家本身就是国际社会中的主要制度，指的就是本构制度。在现代国际关系中，它包括主权国家、"文明标准"、法律上平等和社会性互动等。第二层次是共处制度（coexistent institutions）。共处制度促进体系中各成员之间的共处，布尔所说的均势等五项制度就属于共处制度。第三层次是合作制度（cooperative institutions）。合作制度促进成员之间在具体领域的合作，新自由制度主义者所关注的国际机制（包括国际组织）就属于合作制度。与其他类型的层次分析法相比，这一框架的特点是既涵盖了各种类型的制度，又突出了本构制度的应有地位。

　　三个层次制度的共同功能是维护国际秩序，它们之间的基本关系是：本构制度是共处制度的前提条件，而共处制度又是合作制度的前提条件。一方面，本构制度的改变将使共处制度发生本质性的变化。比如，如果本构制度中的主权国家制度变为帝国制度，那么共处制度中的均势制度将没有存在余地。另一方面，共处制度的存在是合作制度发挥作用的基础。例如，如果没有东亚地区均势，那么朝核问题上的六方会谈机制就不可能出现。

　　这种层次划分并没有背离布尔的本意，只是在其基础上有所发挥。在这方面，布赞的观点是值得赞赏的。他说："对于布尔论述国际社会中的制度之学术遗产，我们所能表达的最高敬意就是接受他所开启的研究议程的重要性，同时摒弃他的很多具体表述。"[1]　而且，这种层次划分避免了布赞等人在术语使用上的含糊不清，因而有助于我们理解国际制度及其相关问题。

---

[1]　Barry Buzan, "Rethinking Hedley Bull on the Institutions of International Society", p. 96.

二　潜制度与显制度

在一般的用法中，"制度"（institution）既可以被狭义地理解为"一个为特定目的而建立的组织或机构"，也可以被广义地理解为"在社会或共同体中已经建立的某种习惯、法规或关系"。① 基欧汉将制度区分为一般的活动框式（a general pattern of activity）和具体的人为安排（a particular human - constructed arrangement），前者包括布尔所说的国际社会中的制度，后者则指可根据空间和时间加以确认的独立实体。二者的共同点是，都符合广义的制度定义的标准：包含一系列持续的和相互关联的规则（或正式或非正式），这些规则规定行为角色、限制活动并形成预期。② 他还进一步将国际制度分为三个层次，最深层是习俗（conventions），中间层是机制，最浅层是各种国际组织。③ 亚历山大·温特和雷蒙德·杜瓦尔（Raymond Duvall）也指出，国际制度中的一些制度比其他制度更基本、更深刻、更重要。④ 在克拉斯纳（Stephen Krasner）看来，制度是"行为体为增加其效用而创立的、正式的或非正式的观念和规则结构"。⑤

上述关于制度的论述有什么共同之处呢？它们都认为制度包括两种基本类型：广义的和狭义的；自然的和人为的；正式的和非正式的。可见，这种区分在社会科学界存在着一定程度的共识，也有助于我们理解制度的不同形式及其功能。但是，当我们集中考察赫德利·布尔的国际制度观时，上述区分就不能充分说明问题了。

布尔将均势、国际法、外交、战争和大国管理确定为国际社会中的制度。这些制度的共同特征是：它们在维持国际秩序方面发挥着基础性作用；它们是历史上自然演化而来的，不是人为创设的；它们并没有获得国际社会成员的普遍和明确认可；它们并不依赖相关的国际组织来配套运行。简言之，它们属于深层的、习惯性的、非正式的制度，即"潜制度"（invisible institutions）。与此相对的联合国等国际组织，则属于浅层的、

---

① Barry Buzan, "Rethinking Hedley Bull on the Institutions of International Society", p. 76.

② Robert C. Keohane, "International Institutions: Two Approaches", *International Studies Quarterly*, Vol. 32, No. 4, 1988, p. 383.

③ Robert C. Keohane, *International Institutions and State Power: Essays in International Relations Theory*, Boulder: Westview Press, 1989, pp. 3 – 4.

④ Alexander Wendt and Raymond Duvall, "Institutions and International Order", p. 63.

⑤ Barry Buzan, "Rethinking Hedley Bull on the Institutions of International Society", p. 76.

人为创设的、正式的制度，即"显制度"（visible institutions）。

五项制度的"潜制度"特征各自体现在哪里呢？均势在历史发展过程中往往是自然生成的。虽然《乌德勒支条约》将其确认为欧洲国家的共同目标，但它在大多数时候并没有得到国际社会成员的广泛认可，也无相关的国际组织来配套运行。国际法包括国际习惯法和国际条约法，前者是后者的基础。即便是明文规定的国际法，但它的效力并非来自各种条约。它只有哈特所说的初级规则，而没有承认、变更、裁判等次级规则。它没有相应的立法机构和惩罚机构，国际法院的判决没有强制性的效力。它既是实力对比的结果，又要靠实力对比来维持。从这个意义上说，国际法并不是完全意义上的法律，而只是初级的、原始的法律。外交虽然在各国内部有相应的职能部门，但在国际上并没有相应的机构来统一调控，外交程序中包含着大量的习惯和惯例，外交谈判往往是秘密进行的。战争在国际关系中普遍存在，但显然不能得到国际成员的普遍认可，也没有某种权威机构来确定一场战争的正义性。大国不能将自己的特殊地位完全正式化和明确化，大国之间不可能就势力范围等问题达成公开的、正式的协议，大国之间的政策协调也不必依赖某种正式的国际机构。

这些国际制度虽然不够正式，但它们在维持秩序方面的作用却非常重要，而这一点正是布尔所看重的。正如赫里尔所说："毕竟，布尔几乎没有对包括联合国在内的正式国际制度表现出任何兴趣。他相信，均势、战争、大国、外交和国际法这些深层'制度'（deeper 'institutions'）具有更加持久的重要性。"[1]

三　潜制度的显性化

当我们将均势等制度确认为潜制度时，有一个问题就会浮现出来：我们能否将这些潜制度统统变成显制度？比如说，能否将维持均势作为基本目标写进各种重要的国际文件，成立制定国际法的专门立法机构，在各种多边组织中进行公开的外交谈判，敦促世界各国将战争认可为调节国际关系的基本手段，或者让小国明确承认大国在势力范围等方面享有特殊地位和权利？

---

[1]　Andrew Hurrell, "Foreword to the Fourth Edition", p. ix.

　　总体上讲，对这些潜制度的显性化是不可能完全实现的。没有一个最高权威来负责实施这一进程，国家之间的实力差距和利益分歧使得他们只能在部分问题上达成有限共识。但具体到各项制度，它们的显性化还是有程度之分的。均势①、战争和大国管理这三项制度是不容易被显性化的，但国际法和外交则相对容易被显性化，实际上它们在一定程度上已经被显性化了。比如，布尔承认规则的形成往往是从最初只是非正式的"游戏规则"到最终才是正式的法律规则。随着国家之间交往的持续深入，国际关系中的很多习惯性因素将会进一步被固定化、法律化。此外，我们也不能排除国际法庭的作用在未来获得增强的可能性。再比如，外交也经历了从惯例到法律规则的过程，今后也会有更多的惯例被固定下来，国际组织在多边外交中可能会发挥更大作用。

　　但是，我们也要看到，对潜制度的过度显性化是有很大风险的。如果将战争作为一种调节国际关系的手段明确下来，很多国家就会理直气壮地发动战争，这将大大削弱国际秩序的稳定性。如果将大国的特殊地位和权利明确写入各种国际文件，就会破坏国际公认的大小国家一律平等的原则，从而招致很多小国的不满。因此，即便是一些潜制度可以显性化，那也是有限度的。一旦超过了某种界限，潜制度的积极功能将不复存在。

　　结合沃森的集体霸权思想，可以进一步说明这个问题。在沃森看来，霸权是国际关系中的常态，它是历史上自然形成的。集体霸权是霸权的一种形式，在维持秩序方面具有积极作用。从这个意义上讲，可以认为沃森所说的集体霸权是一种国际制度。

　　那么，集体霸权是一种潜制度吗？我们可以初步认为，它是一种潜制度。但相对于大国管理，集体霸权的显性化色彩更加明显。在沃森看来，19世纪的欧洲协调具有共同的价值理念（王朝正统性）和定期的国际会议机制，而冷战后集体霸权的雏形则通过联合国安理会的常任理事国机制和七国集团/八国集团这样的安排展现出来。

　　但是，集体霸权的显性化也是有限度的。超越了某种界限，它的功能发挥就会出现问题。沃森写道："维也纳会议后欧洲协调的分散式霸权未

---

　　①　布尔注意到，《乌德勒支条约》提出了维持均势的目标，均势思想被吸收进了以瓦特尔的《万国法》为代表的主流国际法思想之中，并导致一大批历史和政治著作在拿破仑时期问世。它们大都认为均势是国际社会赖以存在的前提，其中一些认为它具有合法效力。参见 Hedley Bull, *The Anarchical Society: A Study of Order in World Politics*, p. 37。

能阻止战争；但只要它保持弹性，它就可以在相当长的时间里使得这一社会免受独立国家之间的纯粹冲突，并将武力的使用限制在可接受的水平和有限的目的方面。"[①] 但沃森感叹：1900 年以后的联盟僵化导致这种协调式的和谐变得不可能。是什么因素造成了这种集体霸权的终结？答案可能是"俱乐部霸权"（club hegemony）。当所有大国的协调行动演变为部分大国的固定模式，集体霸权就超出了它所能容纳的限度，进入另一个领域了。

---

① Adam Watson, *The Evolution of International Society: A Comparative Historical Analysis*, p. 314.

第六章　世界秩序的实现:其他道路

"我认为当前的体系不仅进入了一个后冷战时代或后霸权时代,而且正在朝着一个'新中世纪时代'的方向发展。"

——田中明彦

布尔在《无政府社会》的结论部分承认:"本书含蓄地维护国家体系,特别是维护国家体系中的那个被称为国际社会的要素。"[1] 但是,布尔对国际社会的维护是有条件的。在秩序与社会的关系方面,他的一贯看法是:世界秩序是目标,国际社会是使这一目标得以实现的框架或道路。如果世界秩序在这一框架内可以实现,则保存这一框架。如果不能实现,那么这一框架则是可以断然抛弃的。

那么,在维持世界秩序方面,有哪些世界政治组合形式可能取代现有的国际社会模式呢? 布尔首先指出,有几种形式貌似能够替代国际社会,实则只是国际社会的不同发展阶段而已。它们包括:裁军的世界;国家的团结一致;众多核国家并存的世界;意识形态的同质性。接着,布尔提出了几种真正可能替代国际社会的形式: (1) 是体系,但没形成社会;(2) 有国家,但没形成体系;(3) 世界政府;(4) 新中世纪主义;(5) 历史上从未出现过的替代形式。[2] 然而,在仔细分析了前四种形式之后,布尔认为:国际社会模式不会在短期内被其中任何一种形式所取代。那么,如何才能更好地维持世界秩序呢? 答案就是对当代国际体系加以改

---

① Hedley Bull, *The Anarchical Society: A Study of Order in World Politics*, p. 319.
② Ibid. , pp. 249 – 256.

革，使其中的社会要素得到进一步加强。①

布尔关于实现世界秩序的其他道路之理论探讨视野开阔，内容丰富，见解独特。它不仅构成了布尔世界秩序思想体系的重要一环，而且也成为后来者在此基础上进一步拓展理论空间的起点。当然，这里也有几个问题需要思考：第一，怎样在国际社会框架内维持世界秩序？换句话说，主权国家作为最重要的世界政治行为体，对于世界秩序的维持主要是起推动作用还是阻碍作用？当一些国家（尤其是大国）的国家利益与整个国际社会的利益无法兼容时，世界秩序又当如何维持？第二，21世纪初的国际环境已经发生很大变化，随着冷战的结束和全球化的发展，布尔的世界秩序理论是否仍然具有现实关联性？需要说明的是，布尔的上述探讨和预估是就其写作之时（20世纪70年代中期）至20世纪末的时间范围而言的，并非针对21世纪的今天。尽管如此，他所分析的"新中世纪主义"等世界秩序模式作为理论分析的出发点还是引起了学界相当程度的重视。

第一节　国际社会之内的其他形式

要判断世界政治中的某种变化是不是具有根本性质，首先要对当代国家体系进行定性分析。布尔认为，当代国家体系的本质属性是：第一，存在众多的主权国家；第二，主权国家之间具有一定程度的互动，它们由此形成了一个体系；第三，主权国家在一定程度上接受共同的规则和制度，它们由此形成了一个社会。② 从布尔的分析来看，他所说的当代国家体系实质上就是国际社会。

布尔注意到，当前的世界政治结构中存在一些变化的迹象，其理论形态和发展前景包括：裁军的世界；国家的团结一致；众多核国家并存的世界；意识形态的同质性。那么，这些变化与国际社会的差异性更大，还是一致性更多？它们只是简单地表明国际社会从一个阶段转变到另一个阶段，还是表明国际社会本身已被取代？与当代国际社会相比，它们是否更有利于维持世界秩序？布尔在行文中对每一种形式进行了全方位论述，我们这里则将其切割为差异性、一致性和优越性三个横断面进行评析，目的

---

① Hedley Bull, *The Anarchical Society: A Study of Order in World Politics*, pp. 315 – 317.

② Ibid. , p. 233.

是为了便于比较。

一　差异性

第一种可能的变化是裁军的世界。根据美国和苏联曾经提出的裁军计划，要在世界范围内实现"普遍的和全面的裁军"（general and complete disarmament）。"普遍的"意思是涉及所有国家，"全面的"意思是包括所有种类的武器和武装力量。不难想象，这样的一个世界将会与存在大量核武器和常规武器的世界有很大不同。

第二种可能的变化是国家的团结一致。如果联合国或类似组织成为世界政治中的主导力量，就可能出现国家团结一致的局面。这体现了格劳秀斯式的连带主义原则，它设想国家之间通过密切合作来建立一种替代世界政府的国际秩序模式。其核心假设是，世界上的大多数国家在维护国际社会的集体意愿方面存在着团结一致性（solidarity），或者潜在的团结一致性。① 可以设想，在这样的一个世界里，国家之间的互动将会更加紧密，更加友好。

第三种可能的变化是众多核国家并存的世界。如果核扩散的进程最终导致一个存在众多核国家的世界，那么它将与当今世界存在重大差异。按照默顿·卡普兰（Morton Kaplan）所说的"单位否决体系"之条件，这意味着所有的国家（或所有的国家群体或集团）都拥有核武器。因而，所有的国家或国家集团之间都存在着相互核威慑。② 显然，这将是一个令人望而生畏的世界。

第四种可能的变化是意识形态的同质性。在这样的一个世界中，所有国家都信奉同样的意识形态。它意味着一种意识形态在整个体系中占主导地位，不允许不同的政治、社会和经济制度的共处。与当今世界相比，这将是一个缺乏多样性的世界。

在布尔写作的时代，美苏之间存在核武器和常规武器方面的军备竞赛，核俱乐部只有美国、苏联、英国、法国和中国等少数几个成员，世界各国在政治和社会制度、文化和意识形态方面的差异十分显著，联合国等国际组织不仅无法促成国家的团结一致，反而因为美苏两个集团的争斗而

---

① Hedley Bull, *The Anarchical Society: A Study of Order in World Politics*, pp. 238 – 239.
② Ibid., pp. 240 – 241.

常常陷入分裂和瘫痪的境地。所以，布尔所描述的上述四种情况，确实与当时的国际社会有很大的不同。

二　一致性

上述差异是否足够大，使得这些形式在本质上已经超越了国际社会，从而能够成为维护世界秩序的替代形式呢？从布尔或明确或略带含糊的表述中，我们得到的答案是否定的。

裁军的世界能够成为一种替代国际社会的新形式吗？不能。在这样一个世界里，国家依然存在，国家之间的互动不会消失，它们之间也还会依赖共同利益、规则和制度来维持秩序。也就是说，一个裁军的世界仍然具有国际社会的三个本质属性，它只是国际社会的一个发展阶段或表现形式而已。

那么，国家的团结一致又如何呢？布尔认为，它仅仅意味着国际社会发展到了一个更具连带主义色彩的新阶段，并不意味着它被某种不同的东西所取代了。原因仍然在于，它并没有超越国家和国家之间的互动以及在互动过程中产生的共同利益、规则和制度。

在众多核国家并存的世界里，行为体在权力和影响力方面的差别仍然存在，同盟关系的变化仍然具有作用，国家之间的关系并非总是处于高度紧张状态，联合国等世界性国际组织仍然发挥作用。显然，它也没有超越国际社会，因而不是替代国际社会的新形式。

至于意识形态的同质性，其理论表现包括：康德主张建立共和国的联盟；拿破仑以后的正统思想家主张建立神圣同盟；马志尼主张民族主义在全世界获得胜利；美国总统威尔逊主张民众力量控制对外政策；马列主义主张建立社会主义大家庭；等等。[1] 布尔的判断是，所有这些思想都是以国家的存在、国家之间的互动以及共同利益、规则和制度为条件的，它们并没有超越国际社会的理念。

三　优越性

如果这些形式并没有超越国际社会，而只是国际社会内部的不同发展阶段或表现形式，那么它们与当代国际社会相比，是否更有利于维护世界

---

[1]　Hedley Bull, *The Anarchical Society: A Study of Order in World Politics*, pp. 244 – 245.

秩序呢？对此，布尔的看法并不乐观。

一种普遍的看法是，一个裁军的世界会比当代国际社会更有利于维持秩序。布尔指出，这种看法需要面对几个问题：第一，如何使已经裁军的国家继续保持低水平的军备？在这一世界中，违背裁军协定的行为将变得更容易。即使在完全裁军的世界中，也会有一些国家比其他国家具有更大的战争能力。"一国的战争潜能并不只是简单地存在于该国的军备之中，而是存在于由经济、技术和人口资源、战略地位、政治领导能力、军事经验和独创性以及士气等因素构成的整个复合体之中。"① 第二，如何维持世界的总体秩序？在一个仍然由主权国家组成的世界中，国际秩序仍然有赖于控制或制止使用军事力量的规则和制度的运行。第三，如何实现正义变革？假如一个裁军的世界是一个更加和平的世界，那么通过武力实现正义变革将变得更加困难。②

国家团结一致的优越性又体现在哪里呢？格劳秀斯式的方案不仅难以导致一个更好的世界秩序，而且还会削弱或损害维持秩序的传统手段。布尔举例说，国际联盟于 1935 年和 1939 年针对意大利入侵阿比西尼亚和苏联入侵芬兰所采取的行动，是对阻止德国破坏均势这一目标的危害；联合国大会于 1950 年认同美国及其盟国在朝鲜的行为属于集体安全，是对大国外交进程的妨碍。③

众多核国家并存的世界未必比当代国际社会更有助于维护世界秩序，原因在于：第一，核国家数量的增多不一定导致核威慑的稳定性，政治和技术变化会破坏这种稳定性。何况这种稳定性并不能避免核战争的爆发，它只能使得核战争变得"非理性"。第二，核国家数量的增多并不能促进国际正义。从各国都有权获得核武器这个意义上来讲，只有实现全面的核裁军或者让所有国家都获得核武器，才能实现国际正义的目标。在这方面，国际秩序与国际正义是相冲突的。④

---

① Hedley Bull, *The Anarchical Society：A Study of Order in World Politics*, p. 236. 在这方面，布尔的思路与现实主义思想家汉斯·摩根索颇为相像，后者将国家权力的要素归纳为以下方面：地理、自然资源、工业能力、战备、人口、民族性格、国民士气、外交的素质和政府的素质。参见［美］汉斯·摩根索《国家间政治：权力斗争与和平》（第七版），徐昕、郝望、李保平译，北京大学出版社 2006 年版，第 148—188 页。

② Hedley Bull, *The Anarchical Society：A Study of Order in World Politics*, pp. 237 – 238.

③ Ibid. , p. 240.

④ Ibid. , pp. 242 – 243.

对于意识形态的同质性，布尔承认这种情况会导致一种较高程度的国际秩序。"虽然国家之间会因为物质利益不协调或者不安全感而发生冲突，但是它们之间不会因为意识形态分歧而相互对立。的确，维护既存的政治、社会和经济制度的共同利益，会使得所有国家都具有缓和彼此之间利益冲突的强烈愿望。"[①] 但布尔担心，世界上的不同地区总是信奉多种多样、不断变化的意识形态，根据意识形态的永恒性和同一性改造国家体系的行动，可能是造成无秩序的一个根源。

第二节　超越国际社会的替代形式

如果说上述几种形式仅仅是国际社会之内的不同发展阶段的话，那么下面四种形式则超越了国际社会，从而可能成为通向世界秩序的替代道路。它们包括：是体系，但没形成社会；有国家，但没形成体系；世界政府；新中世纪主义。当然，布尔还提到了历史上没有出现过的替代形式：它与前述四种世界政治组织形式存在诸多差异，在历史上从未有过先例。技术的进步或倒退，道德和政治观念或科学和哲学观念上的革命，军事、经济或生态灾难等可预见的和不可预见的因素，都将导致我们对世界政治组织形式的认识产生巨大变化。[②] 但布尔不是想象未来的学者，所以他的论述集中在上述四种世界政治组织形式。与国际社会相比，这些形式的差异性、优越性和可能性体现在哪里呢？

一　差异性

在考察某种形式是否属于替代道路之前，回顾一下布尔所说的国际社会的三个本质属性是十分必要的：首先，行为体是主权国家；其次，行为体之间具有一定程度的互动；最后，行为体之间在一定程度上形成共同的利益、规则和制度。如果一种世界政治组织形式缺少这三个属性中的一个或更多，那么它就属于超越国际社会的替代形式。布尔对下述四种形式的描述表明，它们确实在本质上不同于国际社会形式。

第一种形式：是体系，但没形成社会。也就是说，虽然存在国家以及

---

① Hedley Bull, *The Anarchical Society: A Study of Order in World Politics*, p. 248.

② Ibid., p. 256.

各国在全球范围内的互动，但是它们之间缺少共同利益或价值观念，以及在此基础上形成的共同规则和制度。这种情况符合国际社会的第一个和第二个本质属性（国家，国家间的互动），但不符合第三个本质属性（共同利益、规则和制度）。

第二种形式：有国家，但没形成体系。也就是说，存在国家，但它们之间没有或很少互动，彼此并不把他国当作自己需要考虑的重要因素。国家可能在特定地区内通过交往而形成一个国际体系，但不存在全球性的国际体系。因此，它不符合国际社会的第二个本质属性（国家间的互动）。

第三种形式：世界政府。这种形式不具备国际社会的第一个属性，也就是说没有主权国家。一个世界政府可能通过征服而产生，这将是一个建立在征服者的支配地位基础上的世界帝国。它也可能是国家之间订立社会契约的结果，这将是建立在某种形式的一致同意或共识基础上的世界共和国或世界大都会。①

第四种形式：新中世纪主义。在这种情况下，虽然主权国家不复存在，但取而代之的并不是一个世界政府，而是一个类似于中世纪西方基督教世界的、现代的、世俗的世界政治组织形式。② 这种世俗的中世纪模式的主要特征表现为：第一，权力的重叠性；第二，效忠对象的多元化。假如现代国家要和各种超国家及次国家行为体分享对民众的管辖权，那么一种新中世纪形式的世界政治秩序就会出现。

二 优越性

既然上述四种形式超越了国际社会，成为与国际社会相互竞争并可能替代国际社会的模式，那么它们在维持秩序方面是否具有优越性就是一个需要认真对待的问题。布尔的分析表明，没有哪种世界政治组织模式在维

---

① Hedley Bull, *The Anarchical Society: A Study of Order in World Politics*, pp. 252 – 253.

② 在西方中世纪体系中，君主或国家并不享有对特定领土和民众的最高管辖权，而是不得不与低于自己的封臣和高于自己的教皇以及（在德意志和意大利）神圣罗马帝国皇帝分享权力。日本学者田中明彦将欧洲中世纪的特征概括为：（1）行为体的多样性：一是多种行为体并存；二是相互关系是复杂的和重叠的；三是领土与政治行为体之间的关系是流动的而非固定的；四是国内事务与国际关系之间的界限是模糊的。（2）意识形态的统一性：以罗马教廷形式存在的基督教是占主导地位的普世价值。参见 Tanaka Akihiko, *The New Middle Ages: The World System in the 21st Century*, pp. 134 – 139。

持秩序方面会比国际社会模式更加优越，尽管国际社会模式也存在诸多缺陷。①

在一个没有社会的体系中，或许仍然存在一些秩序的因素：特定国家可能维持一定程度的国内秩序，偶发的均势或大国之间的相互核威慑可能维持一定程度的国际秩序。但从总体和长远来看，这种国际体系将会是极度无秩序的，因此布尔断言：它实际上就属于霍布斯式的自然状态。②

那么，"有国家，但没形成体系"的形式是否代表了一条通向世界秩序的更好道路？布尔指出，人们常常认为是这样的。产生于国家间互动之中的无秩序之传统根源将不复存在，世界秩序将会成为一系列政治共同体内部秩序的简单相加。然而，这种世界政治组织形式虽然可以避免国家间互动的代价（国际无秩序、强国欺压弱国、富国剥削穷国），但也会失去国家间互动的收益（强国和富国对弱国和穷国的援助、国际劳动分工、各国在知识领域的相互学习和提高）。③ 所以，它在维持秩序方面并不比国际社会形式更加可取。

主张建立世界政府的传统观点认为，在国家之间（就像在一国之内的个人之间一样）建立秩序的最好办法就是确立一个最高权威。这种观点通常主张实现最低程度的秩序（minimum order）目标，尤其是避免战争。但有时也主张实现最佳程度的秩序（optimum order）目标，比如实现经济正义和环境治理的目标。一方面，反对建立世界政府的传统观点指出，这种形式虽然会维持秩序，但它不仅会损害国家自由和民族自由，而且会损害个人自由（世界政府如果是专制的，个人就无法寻求政治避难所）。另一方面，社会集团相互之间为争夺对世界政府的控制权也会发生冲突。"伴随世界政府的垮台而来的战争，如同国家内部的战争一样，其暴力或毁灭性程度并不因为它们不属于狭义的战争而有所减轻。"④

赞同新中世纪主义这种形式的理由是，它提供了一条比国际社会更好的通向世界秩序的道路，原因在于：它既可以通过重叠的权威和交叉的效忠将所有人民聚集在一个普遍社会之中，从而避免主权国家的体系经常所

①　Andrew Linklater, "The English School", in Scott Burchill, ed., *Theories of International Relations*, Fourth Edition, Basingstoke: Palgrave, 2009, p. 106.

②　Hedley Bull, *The Anarchical Society: A Study of Order in World Politics*, p. 250.

③　Ibid., p. 252.

④　Ibid., p. 285.

面临的危险，又能够避免权力完全集中于一个世界政府。但怀疑这种形式的理由则是，它无法确保比国际社会更有秩序。虽然人们可以设想，这种普遍社会的建立将会为社会生活基本目标的实现提供坚实的基础。但是布尔也提醒人们，如果它同以前的西方基督教世界一样，那就会包含比国际社会更为普遍和持久的暴力和不安全因素。①

三 可能性

优越性分析旨在说明哪种世界政治组织形式在理论上更有助于世界秩序的维持，但要想对各种形式进行总体比较，就不得不考虑可能性的问题：在不久的将来，哪种形式有可能替代国际社会，成为维持世界秩序的新形式呢？当然，布尔预测的时间段是从他写作的 20 世纪 70 年代中期到 20 世纪末，但他的很多论断在 21 世纪的今天仍然是有说服力的。

"是体系，但没形成社会"这种形式替代国际社会的可能性有多大？确实，当代国际体系中的社会要素缺乏牢固的基础，第一次世界大战后共同利益和共同价值观念的共识似乎越来越少：布尔什维克革命之后的意识形态分野、非欧洲地区的民族和国家对西方主导地位的反抗、国际体系向欧洲以外地区的扩展等，导致了一个共识领域远少于 1914 年的国际体系。② 尽管如此，在布尔看来，某些使国际社会持久存续的因素依然存在：从欧洲国际体系继承下来的规则和制度框架一直延续至今，现存的国际法体系被广泛接受，外交机制为两大阵营和新兴国家所接受，美苏之间的均势在一定程度上建立在对共同利益的认识基础上，联合国的存在是共同利益和共同价值观念的一个象征。因此，没有理由认为国际社会要素的减少是不可避免的。③

再看"有国家，但没形成体系"的可能性。体系要素的减少，一般表现为：国家可能依然存在，但是它们相互之间完全隔绝，或者说很少往来，以至于无法作为一个整体的组成部分而行动。造成这种状况的一个原因可能是，我们当前所拥有的科学、工业和技术文明走向崩溃。能源稀缺，各国追求自给自足的能源政策，人们对经济发展这一目标产生怀疑，

---

① Andrew Linklater, "The English School", in Scott Burchill, ed. , *Theories of International Relations*, Fourth Edition, Basingstoke: Palgrave, 2009, p. 255.

② Ibid. , pp. 257 – 258.

③ Ibid. , pp. 258 – 260.

反科学的哲学思想的影响增大，都可能促使国家之间经济、社会和战略互动的减少。另一个原因可能是，地区主义的发展趋势改变了那种认为全球性国际组织比地区性国际组织优越的思想倾向，这将导致联合国等全球性国际组织走向衰落。然而，有关未来世界秩序的构想如果不考虑全球范围的社会、经济、外交及战略互动的话，那是不现实的。① 布尔认为，只有出现全球核大战、能源枯竭以及随之而来的全球交通和通信中断，或者价值观念的革命使得人类重回简单生活方式等极端情况，才有可能导致国家之间不再形成一个体系。

世界政府这种形式有可能替代国际社会吗？布尔认为，建立世界政府的途径有两种：一是通过国家间的社会契约，二是通过征服。由于国家之间不曾承认建立世界政府的必要性，它们不可能把自己的安全和其他重要利益托付给一个世界权威来照管，所以通过契约建立世界政府是不可能的。在20世纪末，通过征服建立世界政府的可能性也不大，因为有三个因素在阻止：第一是核僵局；第二是70年代形成的复杂均势；第三是世界民众的政治觉醒，这一点尤其体现在民族主义上。因此，布尔的判断是："我们已经处于帝国的瓦解时期，今后产生一个世界君主国的可能性微乎其微。"②

对于新中世纪主义的可能性，布尔进行了比较详细的论述。他指出，当代世界政治中存在着五个特征或发展趋势：一是国家之间的地区一体化；二是国家的解体；三是对于私人使用国际暴力之权利的恢复；四是跨国组织的发展；五是世界性的技术融合。但是，这些因素并未导致国家的最高管辖权名存实亡，亦未导致主权概念失去意义。不同于布尔否定新中世纪主义的观点，有些学者结合全球化时代世界政治发展的新特点，认为新中世纪主义代表了当前世界政治的发展趋势。在这方面，日本学者田中明彦的观点具有一定的代表性。他说："我认为当前的体系不仅进入了一个后冷战时代或后霸权时代，而且正在朝着一个'新中世纪时代'的方向发展。"③

---

① Andrew Linklater, "The English School", in Scott Burchill, ed., *Theories of International Relations*, Fourth Edition, Basingstoke: Palgrave, 2009, pp. 260 – 261.

② Ibid., p. 264.

③ Tanaka Akihiko, *The New Middle Ages: The World System in the 21st Century*, p. 134. 另外，戴维·阿姆斯特朗（David Armstrong）结合英国的案例，也对新中世纪主义进行了有益的探讨。参见 David Armstrong, "The Nature of Law in an Anarchical Society", in Richard Little and John Williams, eds., *The Anarchical Society in a Globalized World*, pp. 135 – 136。

总体来看，布尔对上述四种形式在短期内替代国际社会的可能性均持否定态度。国际社会被替代的可能性之所以比较小，原因就在于国际社会观念本身。布尔写道："追求新的超国家形式之地区一体化倡导者，主张处于少数地位的共同体获得新形式的自主地位之分离主义者，以及从事国际暴力行为的革命运动，都在思想上受到了国家体系理论的束缚，而且它们在大多数情况下都捍卫国家利益，充当国家体系中的行为体。"①

第三节 改革国际社会的几种方案

布尔对他所处时代的判断是：国际社会既没有走向消亡，也就是说没有被其他世界政治组织形式所替代；也没有功能不良，也就是说它还在发挥维持世界秩序的作用。但是，国际社会仍然面临诸多问题，国际秩序的基础是脆弱的。因此，既要保留国际社会这种形式，又要对其进行某种程度的改革，以便使其更好地发挥维持世界秩序的作用。

一 改革国际社会的理由

一种观点认为，国际社会已经过时了。它已经无助于人类实现其基本目标，包括最低程度的世界秩序（主要是和平与安全）、经济和社会正义以及生态目标（人口的控制、食物的生产和分配、资源的管理和保护等相互关联的问题）。"按照这种观点，不管国家体系过去是否提供了一种实现人类基本目标的有效手段，它现在或将来都无法提供一条通往世界秩序的可行道路。"②

但布尔认为，国际社会仍然可以维持一种最低程度的世界秩序。认为国际社会无法保障世界和平与安全的看法是有问题的，原因在于：第一，世界政治中的暴力冲突具有深层次的原因，其他世界政治组织形式同样不能消除这些因素。这些深层次原因包括：人们用于解决争端的暴力手段之存在，以及人们在重要问题上宁愿使用暴力而不愿接受失败的倾向。第二，在维护处于严重分裂状态的人类共同体之秩序时，国际社会发挥着积极作用。相对于国际社会的传统威胁，那种试图把截然不同的共同体合并

① Hedley Bull, *The Anarchical Society: A Study of Order in World Politics*, p. 275.
② Ibid., p. 282.

在一个单一政府框架内的行为造成的威胁更大。第三，国家将继续对核武器和其他大规模毁灭性武器采取审慎和克制的态度，针对核武器的克制规范体系将会维持和延续。①

人们或许认为，国际社会通过两种方式阻碍经济和社会正义目标的实现。一种方式是，由于它阻碍了人员、货币和商品的自由流动，或者阻碍了它们根据某种全球经济发展计划而流动，因而制约了世界经济的增长。另一种方式是，由于每个国家只关心本国人口的利益，这妨碍了它们根据某种世界共同利益观念，在国家、民族和个人之间对经济和社会利益进行公正分配。但布尔的观点是，认为国际社会妨碍了人们追求经济和社会正义的观点是值得商榷的：第一，人类社会中的经济和社会非正义有着更深层次的原因，它们在其他类型的世界秩序中同样发挥作用。世界政府或其他类型的秩序模式也有可能是专横的和非正义的，也有可能因分崩离析而造成全球性的内乱。第二，国际社会的一个积极作用，就是防止更为严重的经济和社会非正义现象的发生。在穷国和弱国看来，主权制度可以防止强国控制弱国的经济资源。第三，在国际社会中可能产生很强的有关经济和社会正义目标的共识。主权国家在确定自身目标的时候，日益受到人类团结一致观念或世界社会观念的制约。②

一些学者认为，全人类应当团结一致来应对环境问题，但这总是受到主权国家的妨碍。布尔不同意这种看法，他认为超越国际社会并不一定能够应付这些问题：第一，人类在生态领域的冲突具有更深层次的原因，这些因素在其他替代性的世界政治组织形式中同样存在。如果人们不能在家庭规模、资源消费和环境污染等方面限制自己的行动自由，就无法避免哈丁（Garett Harding）所说的"公地的悲剧"（the tragedy of the Commons）③。第二，国际社会通过维持一种最低程度的秩序，来为解决人类共同面临的环境问题提供条件。现如今，只有各国政府拥有足够的信息、经验和资源，可以采取有效应对这些问题的行动。第三，在国际社会中，有可能形成一种较强的团结一致观念来应对环境问题。国际社会的维持和

---

① Hedley Bull, *The Anarchical Society: A Study of Order in World Politics*, pp. 283 – 288.

② Ibid. , pp. 288 – 292.

③ 参见［美］加勒特·哈丁《公用地的悲剧》，载［美］罗伯特·J. 阿特、罗伯特·杰维斯编《国际政治——常在概念和当代问题》（第七版），时殷弘、吴征宇译，中国人民大学出版社 2007 年版，第 566—572 页。

发展，是一个更具凝聚力的世界社会形成的前提条件。①

二 改革国际社会的方案

如果国际社会在可预见的将来继续存在，而且未必过时或功能失调，那么我们怎样才能最好地对它进行改革或重塑，以便它能更好地促进世界秩序？针对这一问题，布尔归纳了四种模式，但并不认为哪一种具有完全的可取性。

基辛格的大国协调（a great power concert）方案。这一方案被称为"基辛格模式"，美国当然比其他任何一个大国都更加支持这种模式。这种大国协调的特点是：它旨在建立一种"和平结构"，但这一结构维持的是大国之间的和平，而非世界的总体和平；它关注国际经济正义的目标，但主张在现有权力架构内通过"国际发展援助"措施来实现，而且几乎不涉及个人层次或世界层次的经济正义目标；它关注人类环境问题，但仅仅停留在口头上。② 布尔预计，如果美苏协作进一步加强，并把其他成长起来的大国纳入其中，那么这种大国协调就有可能实现。大国协调模式的合理之处在于，它表明大国合作是维持最低程度的世界秩序的基本条件。但是，大国协调并不是维持世界秩序的充分条件，因为单靠大国协调无法满足弱势国家对于财富、资源和权力再分配的变革要求。

福尔克的全球集权主义（global centralism）方案。这种模式主张对全球事务进行集中管理，属于一种"激进的救世主义模式"。它不是建立在大国合作的基础上，而是建立在对全人类共同体中的共同意志或统一目标之体认的基础上。福尔克主张建立一个政治结构，内容包括加强联合国和国际法院等既有的中心制度，形成由五个人口大国组成的"主要世界行为体"之间的非正式合作模式，改变国家社会（national societies）内部的观念使其更具世界视野，等等。但布尔认为，在一个西方国家占主导地位的世界中实现更大程度的权力集中，可能不会导致财富、资源和权力向弱势国家的倾斜。况且，在当时的权力结构下，一种满足弱势国家的激进变革要求的政治模式似乎不大可能建立起来。③

---

①　Hedley Bull, *The Anarchical Society: A Study of Order in World Politics*, pp. 293 – 295.

②　Ibid. , p. 298.

③　Ibid. , pp. 302 – 305.

科塔里的地区主义方案。这种方案主张，应当让介于国家和全球性组织之间的地区性组织发挥更大作用。科塔里主张建立一个由 20—25 个地区联邦（regional federations）组成的体系，以便第三世界国家以及生活在大国阴影下的其他国家能够拥有更大的自主权。科塔里认为全球中央权威将会巩固既有的政治经济秩序，这一点具有说服力。但布尔指出，科塔里的主张也存在一些问题：第一，地区性组织的结构只有建立在某种全球性框架之内才能维持世界秩序，其实他所说的地区"联邦"本身就是权力中心；第二，他没有说明哪些因素将导致地区联邦得以产生，也没有注意到小国在摆脱外部大国的控制后也可能为本地区大国所控制；第三，他既想为人类的未来发展提供普世性方案，又想为印度和第三世界提供专门的政策指南，这使得他的态度摇摆不定。①

马克思主义者的革命方案。尽管马克思和恩格斯认为无产阶级革命终将导致国家消亡，但当代马克思主义和新马克思主义的基本主张是：被压迫阶级发动起义以实现国家内部的正义，被压迫民族发动起义以实现国家之间的正义。② 对于这种方案，布尔的看法是：革命模式可能导致资源和权力分配格局发生有利于国家和人口数量占多数的穷国和弱国的变化，这将会增加国际社会内部的共识。但马克思主义者并没有回答革命后如何维持独立政治共同体之间的秩序，毕竟社会主义国家之间也会发生战争。

三　改革国际社会的条件

维持世界秩序的途径，就是对国际社会加以改革。虽然布尔并不赞同其他学者的改革方案，但他本人也没有拿出自己的具体方案。在探讨国际社会的前景时，布尔提出了改革国际社会需要满足的一些条件。

首先，要使其中的社会要素继续存在并得到加强，这有赖于保持和扩大有关共同利益和价值观念的共识，包括大国之间避免核战争的共同利益观念。从布尔对社会要素的一般论述来推导，我们似乎还可以加上：保持和扩大有关共同规则和制度的共识，比如大国对国际秩序的维持负有特殊责任的共识。

其次，要关注弱势国家关于正义变革的需求，这涉及世界财富、资源

---

① Hedley Bull, *The Anarchical Society*: *A Study of Order in World Politics*, pp. 307 – 311.
② Ibid. , p. 311.

和权力的再分配。在"哈格演讲"中，布尔将第三世界国家和人民的正义需求归纳为五个方面：要求获得平等的主权或独立权利；要求公正、平等地运用民族自决权利；要求种族正义或平等，反对白人至上；要求经济领域的正义，包括富国对穷国的援助和贸易优惠；要求精神方面的正义，反对西方的知识或文化优势。①

最后，要保持和发展一种世界性文化，它可能需要更多地吸收非西方文化的要素。在这里，布尔区分了共同文化的两种表现形式，一种是外交文化②，另一种是国际政治文化。前者是指国家的正式代表所拥有的共同理念和价值观念，后者是指决定人们对待国际社会的态度之知识和道德文化。布尔和沃森认为，19世纪的欧洲国际社会建立在一种国际政治文化的基础之上；但当它扩展到世界范围的时候，这一共同文明的因素就下降了。③ 在当今国际社会中，存在着某种共同的外交文化，但并不存在有利于国际社会运行的国际政治文化。④

---

① Hedley Bull "Justice in International Relations", in Kai Alderson and Andrew Hurrell, eds. , *Hedley Bull on International Society*, pp. 209 – 212.

② 关于布尔所说的外交文化，参见 Ian Hall, "Diplomacy, Anti – diplomacy and International Society", in Richard Little and John Williams, eds. , *The Anarchical Society in a Globalized World*, pp. 156 – 161。

③ Andrew Linklater, "The English School", p. 92.

④ Hedley Bull, *The Anarchical Society: A Study of Order in World Politics*, pp. 315 – 317.

第七章　世界秩序的实现:比较分析

"故以身观身，以家观家，以乡观乡，以邦观邦，以天下观天下。"

——老子

赫德利·布尔认为，世界秩序的未来需要吸收更多非西方文化的因素。但有学者指出："布尔既未明确说出应当吸收何种'非西方因素'，也未考虑西方文化的某些方面或许与某些非西方文化并不兼容这种可能性。"① 在布尔所提到的各种替代形式中，有西方色彩明显的"新中世纪主义"形式，但没有一种基于东方历史或哲学的形式。考虑到布尔的出身和学术背景，这一点是可以理解的。毕竟，我们不能苛求一个主要接受西方教育的人以东方文化为基础来理解世界秩序。

但是，在世界秩序的研究领域，东方学者尤其是中国学者也并非无话可说。近年来，不断有学者从中国历史文化入手，力图在国际关系理论和历史方面做出具有中国特色的解读。汪晖为人们避免中西二元对立提供了新的视角，阎学通和徐进细化了中国先秦国家间关系的思想，秦亚青则从"关系"概念入手来帮助人们理解国际关系。② 而对古代天下观的重新诠释，更是这方面的一个重要表现。

天下是中国文化中的一个重要而又独具特色的概念，其理论表现可谓源远流长。它体现在《诗经》的"普天之下，莫非王土"中；它体现在

---

① David Armstrong, "The Nature of Law in an Anarchical Society", p. 140.
② 汪晖：《亚洲想象的政治》，载周方银、高程主编《东亚秩序：观念、制度与战略》，社会科学文献出版社 2012 年版，第 1—43 页；阎学通、徐进编：《中国先秦国家间政治思想选读》，复旦大学出版社 2008 年版；秦亚青：《关系本位与过程建构：将中国理念植入国际关系理论》，载《中国社会科学》2009 年第 3 期，第 69—86 页。

《礼记》的"大道之行也，天下为公"中；它体现在《尚书》的"五服体制"中；它体现在顾炎武的"亡国"与"亡天下"之辨中①；它体现在康有为的"大同世界"中。但是，这些思想离我们过于久远，无法直接用来分析当代国际政治。在全球化、美国霸权和中国崛起的时代背景下，需要对古代的天下观进行提炼和发挥，以此来丰富人们对世界秩序的理解。

赵汀阳的工作体现了这方面的努力。他以全球化时代秩序面临的威胁为起点，分析世界之所以失序的原因，探讨实现世界秩序的途径。他的思想揭示了中国文化的独特性及其对国际关系的意义，为不同学科之间和不同文化传统之间的对话打开了窗口。正如张勇进（Yongjin Zhang）和巴里·布赞所说："这是中国通过重新发掘知识和哲学遗产以重新设想未来世界秩序所作的智力努力的最好表现。"② 将布尔与赵汀阳的世界秩序思想进行比较，有助于我们对世界秩序的基本目标和实现途径的进一步理解。

第一节　赵汀阳的天下秩序观

赵汀阳是中国社会科学院哲学研究所的研究员，他的著述主要涉及政治哲学和伦理学领域。在世界秩序方面，他的基本观点主要体现在《天下体系：世界制度哲学导论》③ 一书中，并在《坏世界研究：作为第一哲学的政治哲学》等著作中有所发展。本节以这两本著作为基本依据，简要梳理赵汀阳的世界秩序思想。

一　天下概念的三重内涵

在中国传统思想中，天下既可以指全国，也可以指全世界。④ 赵汀阳

---

① "异姓改号谓之亡国。仁义充塞而至于率兽食人，人将相食，谓之亡天下。"顾炎武：《日知录·正始》。转引自赵汀阳《坏世界研究：作为第一哲学的政治哲学》，中国人民大学出版社 2009 年版。

② 张勇进、巴里·布赞：《作为国际社会的朝贡体系》，载《国际政治科学》2013 年第 3 期，第 27 页。

③ 赵汀阳：《天下体系：世界制度哲学导论》，江苏教育出版社 2005 年版。

④ 《辞海》对"天下"的解释是：①古多指中国范围内的全部土地；全国。②指全世界。③《庄子》篇名。参见辞海编辑委员会编《辞海》（普及本）（中册），上海辞书出版社 1999 年版，第 3474 页。

对这一概念做了发挥，使之包含三层意思：（1）在地理学意义上，它指的是"天底下所有土地"，相当于人类可以居住的整个世界；（2）在社会学或心理学意义上，它指的是所有人的心思，即民心；（3）在政治学意义上，它指的是四海一家的世界政治制度。据此，世界被理解为由物理世界、心理世界、政治世界组成的统一体，是一个饱满的世界概念。①

与"天下"概念配套的是"天子"概念。如果说天下主要是个世界制度概念，那么天子则主要是个世界政府概念。由"天子无外，以天下为家"推导出来的"天下无外"原则，在赵汀阳的论述中居于重要地位。他认为，在天下之中，所有地方都是内部，所有人之间的关系都是以亲疏远近来界定的。这是一个完整的政治世界，其中不存在不可兼容的他者或不共戴天的敌人。② 由于没有文化边界，天下框架的主要功效就是化敌为友，没有什么是"化"不进来的。不过也有西方学者指出，并非每一个人都愿意被"化"进来，有些人原本就希望留在外面。③

对于天下秩序的实现途径，赵汀阳并没有给出详细说明。他坦言，天下是一个乌托邦。虽然有不现实的地方，但它可以使世界制度获得理论依据。由此推之，一时没有找到实现途径，并不能说明一种制度构思没有意义。我们可以用雷蒙·阿隆的看法来支撑这一观点：创造乌托邦依然是知识分子的一大作用，尽管他们所提出的用于实现乌托邦的途径有限。④

二　天下政治的思维框架

在天下理论中，政治体系可以分为天下—国—家三个层次。天下是最高层次，在眼界上相当于我们通常所说的世界。而要建立世界秩序，首先要有世界观。赵汀阳批评西方的帝国模式——无论是罗马帝国模式、大英帝国模式，还是当今的美帝国主义模式——都只有国家观，没有世界观。

① 赵汀阳：《天下体系：世界制度哲学导论》，第38—42、123—127 页；赵汀阳：《坏世界研究：作为第一哲学的政治哲学》，第82—83 页。

② 赵汀阳：《天下体系：世界制度哲学导论》，第51—52 页；赵汀阳：《坏世界研究：作为第一哲学的政治哲学》，第92 页。

③ William A. Callahan, *China: The Pessoptimist Nation*, Oxford: Oxford University Press, 2010, p. 209.

④ Stanley Hoffmann, "Report of the Conference on Conditions of World Order—June 12 – 19, 1965, Villa Serbelloni, Bellagio, Italy", p. 473.

原因在于，它们的利益、价值观和制度设想都只是基于国家尺度的视野。相比之下，只有天下模式能够反思世界性利益。① 为了说明这一点，赵汀阳引用老子的话来阐释天下政治的思维框架："故以身观身，以家观家，以乡观乡，以邦观邦，以天下观天下。"在这里，"以天下观天下"被理解为"以世界看世界"，即"以世界为尺度去思考属于世界的政治问题"②。

那么，天下作为一种世界制度，其有效性如何检验？赵汀阳给出的两条标准是：第一，充满整个可能的政治空间的普遍有效性；第二，通达每个可能的政治层次的完全传递性。"简单地说，一个政治制度必须在所有地方（比如说每个国家和地区）都同样可行，同时，必须在每个政治层次上（比如从社会基层单位到国家直到世界）都具有同构性，否则就总会出现该制度无法控制和处理的致命困难。"③ 在现实中，我们可以发现支持这一观点的例子：美国在国内实行民主而在国际上推行霸权，这就涉及民主是否具有普遍性的问题。④

在赵汀阳看来，天下体系就具有这样的普遍性和传递性。一方面，它建立在从天下到国再到家的普遍有效治理上，一个政治层次可以映射到另一个层次上。另一方面，家庭关系最容易产生爱和义务，因此可以作为一个伦理范本而普遍应用于社会各个层次。据此，"天下—国—家"和"家—国—天下"之间构成了一种相互肯定的政治伦理循环。⑤

这里的问题是，家庭是由血缘关系和感情纽带来维系的，而更大的秩序组织模式则主要是由地缘关系来确定的。用中国的传统话语来讲，能"齐家"的未必能"治国平天下"。将家庭模式推广到国家和世界，其中的障碍是显而易见的。赵汀阳自己也承认家庭性原则会在情感淡化中消失

---

① 赵汀阳：《天下体系：世界制度哲学导论》，第102—106页。天下本身是不是帝国？这是一个有争议的问题。部分由于原作者表述不清，致使一些学者将天下理论与21世纪的"中国霸权"联系起来看待。参见 William A. Callahan, "Chinese Visions of World Order: Post – hegemonic or a New Hegemony?" *International Studies Review*, No. 10, 2008, pp. 749 – 761。

② 赵汀阳：《天下体系：世界制度哲学导论》，第18、32页。一种看法认为，老子著作中的这句话原意是"从［我的］天下观照［其他的］天下"，含有自我与他人比照的意思。参见陈鼓应注译《老子今注今译》，第272页。

③ 赵汀阳：《天下体系：世界制度哲学导论》，第19—20页。

④ 王缉思对美国国内民主与国际霸权之间的关系有精彩分析。参见王缉思《国际政治的理性思考》，北京大学出版社2006年版，第101—122页。

⑤ 赵汀阳：《天下体系：世界制度哲学导论》，第142—148页。

于无形，但他认为家庭模式仍然是世界模式的理想。当然，这一点还可以进一步探讨。从历史上看，西周实行的分封制不仅封土，而且封人，似乎可以看作地缘政治和血缘政治的结合。①

三　天下制度的历史原型

天下体系不是纯粹的想象，它的历史原型应当是周朝的分封制。赵汀阳指出，比较确实的天下体系是从周朝开始的。"一般认为周朝体制比较多地表现了想象的世界制度的基本精神，尽管周朝体制绝不像后人所以为的那样优越，但它的制度设计显然有某些方面比较符合天下制度的理论构思……"②

周为什么要设计天下制度呢？赵汀阳认为，这与当时的历史背景有关。周是小邦，本部人口非常有限。当它夺取天下主位后，殷商遗民众多，还有一些不愿臣服的诸侯和部族。因此，如何用"以小治大"的方式做到"以一治众"便是一个难题。无法实现强力统治，就只能依靠制度创新。于是，周公等人设计了分封制这种"分治而一统"的政治体系，其基本内容是：第一，天子拥有天下土地的所有权，并自留最大的一片作为直辖区，而将其余土地分封给诸侯；第二，诸侯拥有所分封土地和人民的使用权，但不具有所有权；第三，天子的宗主国负责的是世界公共事业和公共秩序，而诸侯国既有内部高度自治的权利，也有与宗主国分担维持秩序之成本的义务；第四，宗主国拥有相对最大的军事力量，各诸侯国按照等级、人口和土地拥有相应比例的军事力量，以形成实力制衡。③

尽管周政权所建立的天下体系是一个君主制的分封政体，但赵汀阳的看法是：就理论潜力而言，天下体系可以是各种类型的政体。"只要一种政治制度能够负责世界的共同利益、保证世界和平、建立世界普遍合作关系，并且为世界万民所认可，就满足了天下体系的理论要求。"④

---

① 许倬云：《西周史》（增补二版），生活·读书·新知三联书店 2012 年版，第 167 页。
② 赵汀阳：《天下体系：世界制度哲学导论》，第 134—135 页。另参见赵汀阳《坏世界研究：作为第一哲学的政治哲学》，第 77 页。
③ 赵汀阳：《坏世界研究：作为第一哲学的政治哲学》，第 79、87—88 页。
④ 同上书，第 82 页。

第二节 国际社会与天下体系

赫德利·布尔的国际社会模式和赵汀阳的天下体系模式代表了两种典型的世界秩序观。那么，二者之间的主要差异和相似之处体现在哪里？它们之间是否存在会面与融合的可能？

一 两种秩序观：背道而驰

不难发现，赫德利·布尔和赵汀阳思想之间的差异是很明显的。这不仅表现在对当代世界秩序的基本认定和对理想世界秩序的途径设计方面，而且表现在制度的基本属性和社会的层次差别方面。

第一，对当代世界秩序的基本认定不同。国际社会观虽然承认国际关系是无政府状态的，但强调秩序一直是国际关系历史记录的组成部分；而天下体系观则认为当今世界是个"整体上无序"的"乱世"，"世无良序久矣"①。之所以出现这样大的反差，主要原因是二者所坚持的秩序标准不同。布尔虽然也谈及"最佳程度的秩序"，但他认为在当代国际社会中只能实现国家之间的共处这一"最低程度的秩序"。而赵汀阳所说的秩序则是"良序"和"大治"，不仅要实现冲突最小化，而且要实现合作最大化。所以他强调，当前的世界是一个"非世界"（non-world，指缺乏合法性的无效世界）②，甚至是一个"坏世界"③。

第二，对理想世界秩序的途径设计不同。国际社会观承认主权国家存在的合理性，试图在现有的国际体系框架内，通过社会要素的增长来维持一种法律上平等的世界秩序；而天下体系观则认为民族国家是乱世之源，力图超越现有的国家体系，建立某种具有中央权威的秩序模式。简言之，国际社会观追求的是国际性的秩序，而天下体系观追求的是世界性的秩序。正如赵汀阳所说："'国际的'并不能表达'世界的'，国际就只是关于国际的，属于世界的问题必须在'世界性'（world－ness）的视野中被理解。"④

---

① 赵汀阳：《天下体系：世界制度哲学导论》，"前言"，第1页。
② 同上书，第13、21、110—112、117页。
③ 赵汀阳：《坏世界研究：作为第一哲学的政治哲学》，第1页。
④ 赵汀阳：《天下体系：世界制度哲学导论》，第137页。

第三，制度的基本属性不同。在国际社会中，均势等制度是指一套用来实现共同目标的习惯和惯例，它们是历史上自然形成的；在天下体系中，制度或指根本性的政治组织模式，或指规则或规范。需要说明的是，赵汀阳并没有给制度下一个明确的定义。从上下文来看，他似乎是在两种不同的意义上使用"制度"这一术语的：当他谈到"世界制度"或"天下制度"时，应该是指一种政治组织模式；当他谈到以"礼"和"仁"为表里的世界文化制度，以及以"和"为本的世界政治制度时，则可能意味着某些规则或规范。①

第四，社会的层次差别不同。国际社会观认为国内社会和国际社会之间存在本质差异，国内社会的治理模式不能在国际社会层次上复制。而天下体系观则强调政治制度的普遍性和传递性，认为一种有效的秩序模式应当不仅能够应用于国内社会，而且能够应用于国际社会。从布尔的角度来看，这正好犯了"国内类比"的错误。

二　两种秩序观：异曲同工

尽管存在明显差异，两种秩序观在致思路径方面却是异曲同工的：都以现实世界中秩序的不可或缺性作为分析起点；都以人性自私和资源稀缺作为秩序缺失的深层原因；都以实现有正义内涵的秩序作为价值取向；都以制度建设作为实现秩序的基本途径。不难发现，二者的基本思路都是：确认冲突，形成制度，实现秩序。用公式表示就是：冲突—制度—秩序。②

首先，秩序是世界政治中重要的和不可缺少的因素。在布尔看来，秩序是支撑生命、诚信和财产权这三个社会生活基本目标的活动模式，这些目标的重要性足以说明秩序的不可或缺性。在赵汀阳看来："如果人类社会是混乱的，那么每个人都将不得不面对危险可能性的最大化和获得幸福可能性的最小化，没有人能够承担混乱的社会，同样，没有哪个国家能够承担混乱的世界。"③

其次，冲突的深层原因在于人性自私和资源稀缺。在讨论确定所有权

---

① 赵汀阳：《天下体系：世界制度哲学导论》，第63—71、80—84、93、124、150 页。
② 马国林：《国际社会和天下体系：比较与思考》，载中国国际关系学会等编《中国国际关系理论的建设：借鉴与创新——2011 年博士论坛》，世界知识出版社2012 年版，第257 页。
③ 赵汀阳：《天下体系：世界制度哲学导论》，第133 页。

的重要性时 布尔断定人性的相对自私和资源的相对稀缺是主要因素。①赵汀阳指出，人性自私的后果便是妨碍了"为公而思"。他的判断是："只要具备人人自私和资源稀缺这样两个条件，世界就是个坏的世界。"②从中可以看出，针对人性问题和资源问题，两位学者所强调的程度还是有所不同的。

再次，合法的秩序应当具有正义内涵。秩序和正义之间的关系是世界政治研究中的重大理论问题，两位学者都对此进行了比较充分的探讨。布尔的观点是，虽然秩序是包括正义在内的其他价值的实现条件，但是如有共识，正义变革是可以接受的。③ 赵汀阳认为，虽然秩序是自由的先决条件，但革命是具有合法性的，它以获得天意民心为根据。④ 这是从弱势行为体的角度来看待问题的。反过来，从强势行为体的角度来看，就是要有责任意识。布尔认为大国要对国际社会负责任，赵汀阳主张大国要"对世界负责任，而不仅仅对自己的国家负责任"⑤。

最后，实现秩序的途径是形成制度。在布尔所说的国际社会中，有五种维持国际秩序的制度，分别是均势、国际法、外交、战争和大国管理。在赵汀阳所说的天下体系中，秩序与制度也是紧密相关的：一方面，秩序是制度合法性的判断标准——"使天下大治，就是一个制度的基本合法性"⑥；另一方面，制度是秩序得以建立的基本途径——"需要有某种世界制度来形成世界的总秩序"⑦。虽然两位学者对制度的理解并不一致，但都认同制度的基础地位和属性，而不认同国际组织这一新自由制度主义者所看重的制度形式。布尔和马丁·怀特一道，将联合国等国际组织看作"假制度"；赵汀阳也宣称，"有一些国际组织在假装建立国际制度"⑧。

三 两种秩序观：相向而行

对赫德利·布尔和赵汀阳思想的初步比较表明，这两种秩序观既非大

---

① Hedley Bull, *The Anarchical Society: A Study of Order in World Politics*, p. 97.

② 赵汀阳：《坏世界研究：作为第一哲学的政治哲学》，第1页。

③ 布尔在后来的"哈格演讲"中对秩序和正义问题进行了更加深入的探讨，参见 Hedley Bull, "Justice in International Relations", pp. 206 – 245。

④ 赵汀阳：《天下体系：世界制度哲学导论》，第55—56页。

⑤ 同上书，第3页。

⑥ 同上书，第31页。

⑦ 同上书，第133页。

⑧ 同上书，第37页。

相径庭，亦非全然一致。二者之间显然是可以会面的，甚至存在某种融合的可能性。这种会面或融合，或许有助于我们进一步认识一些世界政治中的基本理论问题。

从世界秩序的结构来看，纯粹的等级制与纯粹的无政府状态在现实世界中都是不存在的。国际社会中存在某种事实上的等级制因素（比如霸权和势力范围等），而天下体系也具有一定程度的非集权因素（比如周天子不干涉诸侯国的内部事务）。因此，世界秩序的结构不是非此即彼、二元对立的，而是光谱性的。

从世界秩序的内容来看，它既不是纯粹物质性的，也不是纯粹精神性的。纯粹从物质角度和客观方面来理解世界秩序，就会忽视世界秩序中的一个重要方面，即精神和观念因素的重要性。社会文化和道德规范在世界秩序中是必不可少的，对共同利益的体认决定着行为体之间的合作意向及合作程度，价值观的兼容性对于秩序的稳定性亦具有重要意义。

从世界秩序的模式来看，它的演变不是线性的、目的论式的。[①] 在中国历史上，从西周到春秋战国时期再到秦统一中国，似乎是从封建制的天下体系到近似平等制的国际社会再到大一统的普遍帝国的演变模式。在西方历史上，从基督教世界到现代民族国家体系，则呈现出从权力重叠的中世纪主义到主权平等的欧洲国际社会的演变模式。历史经验表明，国际社会和天下体系都不是人类政治组织的永恒形式，所以我们也就没有理由否定某种世界秩序模式在未来出现的可能性。

第三节　反思布尔思想：弱秩序

在《无政府社会》中，赫德利·布尔区分了"最低程度的秩序"和"最佳程度的秩序"，认为前者追求的是国家之间的共处，而后者则追求合作和繁荣等更高层次的目标。与此同时，他认为国际社会中的秩序虽然存在，但是不牢固的，其基础是脆弱的。相比之下，赵汀阳强调的秩序则是"天下大治"，不仅寻求冲突最小化，而且寻求合作最大化。据此，我

---

① 亚历山大·温特的观点与此不同。参见［美］亚历山大·温特《世界国家的出现是历史的必然——目的论与无政府逻辑》，秦亚青译，载《世界经济与政治》2003 年第 11 期，第57—62 页。

们可以将前一种秩序称为"弱秩序"（weak order），而将后一种称为"强秩序"（strong order）。

一 强秩序与弱秩序

用"强"和"弱"来描述秩序，容易引起争议。但正如约瑟夫·奈（Joseph S. Nye）用"软"和"硬"来描述权力一样，这样的说法比较形象，便于理解。那么，什么是强秩序，什么又是弱秩序呢？

如果一种秩序具有如下特征，那么就可以认为是强秩序：第一，体系中不存在普遍冲突，尤其是没有大规模的战争或战争威胁；第二，成员之间不仅能够和平共处，而且能够在经济、社会和生态领域广泛合作；第三，弱势成员的正义变革需求能够得到相当程度的满足，强势成员的地位能够获得广泛认可。

相应地，如果一种秩序具有如下特征，那么就可以认为是弱秩序：第一，体系中存在普遍冲突，往往会发生大规模的战争或战争威胁；第二，成员之间在共处方面具有共同利益，但在其他领域的合作是有限的；第三，弱势成员的正义变革要求得不到回应，强势成员的地位主要靠武力来维持。

二 弱秩序的表现：历史与现实

根据上述标准，布尔所说的世界秩序显然是一种弱秩序。他强调秩序在世界政治中的持续存在，但这种秩序既不能免受战争影响而稳健运行，也不能确保国家之间的合作和繁荣，更不能充分满足弱势国家的正义变革需求。因而，这只是一种不稳定的、不牢靠的、基础脆弱的秩序。

在国际社会的历史上，秩序常常受到战争的威胁。欧洲国际体系自形成以来就战争不断，即使是在被誉为"百年和平"的欧洲协调时期，仍然爆发了克里米亚战争、普法战争等对欧洲体系有重大影响的战争。当欧洲国际社会扩展到全球范围时，它的文化基础更加薄弱，对战争的限制因素更少。随之而来的不仅是西方对非西方的侵略战争，而且还爆发了两次世界大战。

第二次世界大战结束以来，由于核武器的问世和主要核大国之间"二次打击能力"的存在，体系规模的战争得到了抑制。但战争本身并没有消失，朝鲜战争、越南战争以及冷战后的阿富汗战争、伊拉克战争等，都说明了国际秩序的脆弱性。另一方面，世界各国在联合应对核扩散、恐怖主义、气候变化、资源匮乏、环境污染等问题上的种种表现，也显示出它们之间难以实现最佳程度的合作。广大发展中国家关于重新分配财富、资源和权力的诉求只得到了有限的满足，一些最贫穷国家的基本生存需求尚未得到国际社会的充分满足。显然，当前的世界秩序离强秩序的目标还很遥远。

三　弱秩序的强化：困难与出路

弱秩序的长期存在虽然比无秩序强，但并非人类最理想的生存方式。然而，要在当前的情况下实现强秩序绝非易事，因为种种不利因素限制了人们的选择：大国之间缺乏对国际社会的集体责任意识；核武器扩散的趋势很难扭转；大小国家之间的权力差距过大，小国的正义变革需求得不到回应；没有一种共同文化作为基础，各国在民主、自决、人权等方面的理解大相径庭。

要想在这样的一个世界中实现强秩序，当前的主要任务就是要创造一系列的条件：第一，大国通过自身发展和结盟关系，实现力量对比的相对均衡，避免一个大国在国际社会中发号施令；第二，大国之间努力达成维持整个国际社会之共同利益的共识，避免在国际安全问题上推卸责任；第三，大国应当通过单方面努力和联合努力，逐步满足一些小国在财富和权力分配方面的需求；第四，各国之间通过对话，努力就一些基本的价值观念达成共识，避免"文明的冲突"。

当然，要完成上述任务需要漫长的时间和艰苦的努力。诚如布尔所说，世界政府等模式都不大可能在短期内替代现有的国际社会模式。而赵汀阳的天下体系模式更属于遥远的未来，无法给我们解决当前的问题提供直接的指导。唯一可行的方式就是对国际体系进行改革，使其中的社会要素得到进一步增强。虽然实际操作起来并不容易，但只要确定了努力的方向，从一些具体领域着手，进而扩展到其他领域，一个较强的世界秩序的出现还是有一定可能性的，尽管不是必然的。

第八章　赫德利·布尔的思想遗产

　　"有时候我们似乎不能完全抛开国内类比，因为我们用来对国际关系进行理论化的一些概念必定源自国内社会的经验。"

——菅波英美

　　在赫德利·布尔写作的年代，国际关系首先表现为美苏两极对抗，其次表现为非西方世界对西方主导地位的挑战。所以，秩序以及与此相关的正义问题是布尔思想关注的重点。显而易见，他的思想主要是特定历史时期的产物。而今时过境迁，布尔的世界秩序思想对于21世纪的国际关系理论和现实有什么意义？

　　笔者认为，一方面，我们在看到国际关系实践的变迁性的同时，也不能忽视其中的连续性。"如何维持世界秩序"这一基本问题仍然困扰着人们，布尔关于世界秩序的目标、框架和途径的论述仍然与现实具有高度的关联性，他的很多见解仍然经得起时间的检验。另一方面，布尔留给我们更重要的思想遗产并不是一些具体的观点，而是支撑这些理论观点的思想框架、理论视角和研究路径。正是这些思维方法和概念工具，不断激励后来者去探索世界政治中的相关理论问题和现实问题，在丰富已知领域的同时去探索未知领域。

　　在这里，我们可以结合布尔的相关思想，就当前具有紧迫性的三个理论和现实问题进行初步探讨。第一个是国内类比与国际关系问题，这一问题涉及布尔理论的出发点，即国际关系中的无政府状态；第二个是文化差异与文明标准问题。这一问题涉及布尔理论的落脚点，即世界性共同文化的必要性与可能性；第三个是学派建设与学术发展问题，这一问题涉及布尔理论的支撑点，即理论流派对于学术发展的重要性。之所以说这三个问题具有紧迫性，既是因为学术界对这些问题必须严肃对待，又是因为研究者就这些问题一时还难以形成确切答案。

第一节　国内类比与国际关系

国际关系是由国家组成的"无政府社会"，这是布尔对国际关系进行理论化努力的出发点。在这里，无政府一词含有很强烈的对比意味，它是和国内关系的"有政府状态"相比较而言的。由此便产生了两种截然相反的观点：一种观点认为，既然国内社会是有政府的，而这种有政府状态是一种有秩序状态，那么为什么不在国际社会中也建立一种政府，从而实现国际关系的秩序化呢？另一种观点则认为，国内社会和国际社会之间存在质的差别，那种将国内社会中的秩序维持模式转移到国际社会的逻辑忽视了二者的区别，因而是站不住脚的。

布尔明确支持后一种观点，而将前一种观点视为"国内类比"而予以批判。总体而言，这种批判有助于我们加深对国际关系本质特征的认识，从而避免对国际关系进行拟人化的简单解读。然而，国内类比本身是一个比较复杂的问题，在国际关系研究中也经常被很多学者使用，有时是有意的，有时是无意的。因此，我们有必要进一步思考国内类比的概念和类型，以及使用这种方法的合理性和局限性。

一　何为国内类比？

类比（analogy）是一种推理方法，在学术研究中多有应用。《辞海》中对"类比推理"的解释是："根据两个或两类对象某些属性的相同，推出它们的其他属性也可能相同的推理。"[1]　在《牛津英语词典》中，"analogy"的相应含义是："一种平行事物之间的推理过程；一种假定推理，建立在下述假设的基础之上：如果事物之间具有某些相似的属性，那么它们的其他属性也会相似。"[2]

在国际关系研究中，对类比方法运用最多的当属国内类比（domestic

---

[1]　夏征农、陈至立主编：《辞海》（普及本）（中册），上海辞书出版社2009年版，第2288页。

[2]　Cited in Hidemi Suganami, *The Domestic Analogy and World Order Proposals*, p. 24.

analogy），即将国际社会与国内社会相类比。赫德利·布尔就此指出，国内类比就是把国内社会中的个人同国际社会中的国家进行类比，从而认为国家如同个人一样，只有当它们慑服于一个共同的权力时，才能够组成一个有序的社会。①

相比布尔的简明定义，菅波英美的界定则更加细致："国内类比是一种假定推理。它主张国内现象与国际现象之间具有某些相似性；尤其是，国内秩序赖以存在的条件与国际秩序是相似的；因此，那些维持国内秩序的制度应当在国际层次上得到复制。"②

不仅如此，菅波英美还区分了两种形式的国内类比：一种是"世界主义的"国内类比，另一种是"国际主义的"国内类比。前者主张建立世界政府，而后者则主张在不改变国际体系基本结构的前提下，将国内社会中的某些基本原则移植到国际社会中。③

在现代国际关系思想中，对两种国内类比的使用都不鲜见。将国家之间的关系导向一种最高权威的思想如此具有吸引力，以至于连现实主义思想大师汉斯·摩根斯也主张建立一个有中央政府的世界国家。也有不少思想家和政治家将国际联盟和联合国视为世界政府的雏形，主张对其机构和功能进行改造以维护世界和平。而对国际主义的国内类比的使用，集中体现在一些国际法学家的思想中。他们并不主张改变国际社会的基本结构，而是在这一框架内强化国际法的地位，包括建立国际性的立法机构、司法机构和执法机构，从而使国际法向国内法那样具有强制效力，以此维护法律意义上的世界秩序。在一些人看来，国际法院的建立是朝着这一目标迈出的第一步。

二　为何反对国内类比？

在国际关系研究中使用国内类比，最典型的例子便是将国际关系的无政府状态与霍布斯所描述的自然状态进行类比。但是，对于这种类比的批评自霍布斯以来就从未停止。具有讽刺意味的是，霍布斯本人就不曾主张这种国内类比。他认为个人之间的自然状态会导致国家的出现，但国家之

---

① ［英］赫德利·布尔：《无政府社会——世界政治中的秩序研究》（第四版），第42页。
② Hidemi Suganami, *The Domestic Analogy and World Order Proposals*, p.1.
③ Ibid., pp. 14–15.

间的自然状态却不会导致一个更大的利维坦的诞生。原因在于，国际自然状态比纯粹自然状态要更难忍受。此后的很多思想家，包括斯宾诺莎、普芬道夫、沃尔夫和瓦特尔，都坚持和发展了这一观点，即国家之间的秩序状况不同于个人之间的秩序状况。①

在反对国内类比的国际关系学者中，赫德利·布尔的观点无疑具有代表性。布尔指出，国家之间的无政府状态在一定程度上是可以容忍的，而个人之间的无政府状态则是不能容忍的。其一，不同于自然状态下的个人，国家并未将全部精力集中于安全方面，而不去发展生产。其二，国家在遭受攻击时并不像自然状态下的个人那么脆弱。其三，个人之间的脆弱性差别较小，以至于最弱小的个人也能杀死最强大的个人；但国家之间的脆弱性是大不相同的，小国在面对外来攻击时要比大国脆弱得多。其四，国家在一定程度上可以自给自足，而个人在经济上要依赖于他人。②

布尔不仅反对世界主义的国内类比，也反对国际主义的国内类比。在他看来，如果将国际法发展成为类似国内刑法那样具有强制执行力的法律，不仅无助于世界秩序的维持，而且是有害的。原因在于，这种法律将会同那些限制国际战争的规则和制度发生冲突，比如战争法、中立、均势以及不干涉原则。③ 由此可见，布尔的基本立场是，在一个多元主义的全球性国际社会中，国家之间无法形成足够的共识，以便对违法行为进行强有力的制裁。

或许有人认为，布尔一方面反对国内类比，另一方面实际上又使用了国内类比。比如，布尔在界定秩序时，首先用生命、诚信和财产权三个基本目标界定了社会生活中的秩序，然后又以同样的方式界定了国际秩序和世界秩序。这难道不是将国内生活中的秩序模式与国际生活中的秩序模式进行类比吗？不仅如此，布尔认为国内秩序的维持需要共同利益、规则和制度，而国际秩序的维持也不例外。这难道不是将国际秩序的维持手段与国际秩序的维持手段进行类比吗？

事实上，布尔在这里使用的仅仅是一般意义上的逻辑演绎。因为在他看来，所有社会中的秩序都是以生命、诚信和财产权这些基本目标来界定

① Hidemi Suganami, *The Domestic Analogy and World Order Proposals*, pp. 12 – 13.

② Hedley Bull, "Society and Anarchy in International Relations", pp. 45 – 48.

③ Hidemi Suganami, *The Domestic Analogy and World Order Proposals*, pp. 160 – 161.

的，国际社会和世界社会中的秩序也不例外；所有社会中的秩序维持都需要共同利益、规则和制度，国际社会中的秩序维持也不例外。① 这样看来，布尔实际上使用的是从大前提到小前提再到结论的逻辑演绎，而非国内类比。

布尔反对国内类比而又使用逻辑演绎的做法，有助于我们进一步明了二者的区别。正如菅波英美所说：类比是从一个事物的属性（必须是事实存在的）到另一个事物的属性，发生在两个平行的事物或领域之间；而逻辑演绎则是从一种普遍的假设（未必是事实）到一种特殊的假设，一般是大前提—小前提—结论的形式。②

三　能否超越国内类比？

布尔反对在国际关系的研究中使用国内类比，其观点总体来说是有道理的。国际政治是一个自主的领域，其中的行为模式不应当简单复制国内政治中的做法。国际社会是一个特殊的社会，其中的秩序维持不应当机械照搬国内社会中的办法。而且，过多地依靠类比方法对于学科发展也无所助益。诚如布尔所说，通过与另一种事物类比来理解一种事物，是一门学科不成熟的表现，它表明我们对自己的研究主题并不熟悉。③ 尽管如此，布尔对国内类比的这种坚决反对态度，仍然面临着来自两个方面的挑战。

一方面，国内类比并不完全背离人们的正常思维方式，也与历史的发展相一致。人类思维总是先具体，后抽象，因而自然倾向于先思考人际关系问题，而后将其推向国际关系。历史发展的过程也是先产生群体内部的关系，而后才发展出群体之间的关系，因而人们在处理群体间关系时难免依靠处理群体内部关系的经验。在思考国际关系时，情况也是一样。对此，菅波英美指出："有时候我们似乎不能完全抛开国内类比，因为我们用来对国际关系进行理论化的一些概念必定源自国内社会的经验。"④ 从实践来看，有些带有明显国内类比痕迹的方案，其结果也促成了国际关系的发展。例如，富兰克林·罗斯福的"四大警察论"就曾对联合国安理会的设立发挥了积极作用。

---

① Hedley Bull, The Anarchical Society: A Study of Order in World Politics, p. 97.
② Hidemi Suganami, The Domestic Analogy and World Order Proposals, p. 24.
③ Hedley Bull, "Society and Anarchy in International Relations", p. 45.
④ Hidemi Suganami, "Reflections on the Domestic Analogy", p. 146.

另一方面，随着全球化的发展和各国相互依赖程度的加深，加之诸多全球性问题的凸显，使得传统上的国内/国际二分法在有些情况下已经无法应对变化了的世界政治现实。不管是支持国内类比还是反对国内类比，其基本前提是国内关系和国际关系可以截然分开，但这一前提目前正在受到侵蚀。正如斯坦利·霍夫曼所言："我们现在难以像布尔所做的那样，把世界政治和秩序中的'跨国'因素同'国际'因素截然分开。"① 果真如此，我们就需要有比国内类比更具包容性的思维框架来统摄国际关系与跨国关系。

以上分析表明，国内类比确实具有很大的局限性，但也存在一定程度的合理性。因此，在国际关系研究中并非全然不能使用这种推理方式，但一定要考虑特定条件下的可比性。毕竟，国内类比同其他形式的类比一样属于或然性推理，"其可靠程度取决于：前提中确认的共同属性的多少以及共同属性和类推出来的属性的关系是否密切"②。

第二节　文化差异与文明标准

文化和文明是世界政治中的重要现象，赫德利·布尔对此予以充分关注。在《国际社会的扩展》一书的导论中，布尔和沃森写道："我们认为，国际政治生活，包括其规范性的或制度性的维度，有其自身的逻辑，并不能简单地理解为经济利益或生产过程的反映。我们试图认真对待现代社会之间的文化差异，这与那些或坚持文化差异在现代性冲击下正消失殆尽，或认为文化差异对国际关系无足轻重的人南辕北辙。"③

然而，将文化作为重要因素进行学理上的论证，在国际关系学界并不流行。因此，当布尔及其英格兰学派同行将这一问题置于国际关系理论的突出位置时，他们的努力在相当长的时间里并没有得到积极回应。这种情况直到冷战结束以后才有所改观。其时，美国学者塞缪尔·亨廷顿提出的"文明冲突论"在学术界和政策界引起了空前的反响，从而将文化和文明推向国际政治的中心舞台。正如中国学者王缉思所说："亨廷顿的论文发

---

① ［英］斯坦利·霍夫曼：《第二版序言：重读〈无政府社会〉》，载［英］赫德利·布尔《无政府社会——世界政治中的秩序研究》（第四版），第 xⅲ 页。
② 夏征农、陈至立主编：《辞海》（普及本）（中册），第 2288 页。
③ ［英］赫德利·布尔、亚当·沃森主编：《国际社会的扩展》，第 8 页。

表以前，国际政治的研究者中只有少数人把文化或文明问题放在自己的视野之内，而文化学者中论及当代国际关系的，也为数不多。"①

那么，文化和文明在国际关系中到底扮演着什么样的角色？文化差异和文明冲突对世界秩序的冲击到底有多大？回顾布尔的论述，结合当前的国际政治现实，我们或许能够发现未来世界政治发展的某些端倪。

一 文化差异与世界秩序

从历史上看，以往的国际社会都是建立在某种共同文化或某些共同文化的要素基础之上的，比如共同的语言和宗教信仰。这些要素能够促使国家之间的沟通和理解变得容易，并且增强国家之间对共同利益、规则和制度的认可，从而促进国际社会的正常运行。但是，在第二次世界大战结束之后的全球性国际社会中，不存在这样一种共同文化。由此可见，当代世界秩序的基础是比较脆弱的。

16 世纪以来，欧洲国际社会向世界其他地区不断扩展，造成了西方国家在政治、经济和文化上的主导地位，随之而来的便是非西方国家对西方主导地位的反抗。布尔在《对西方的反抗》一文中提出，非西方世界对西方的反抗表现在五个方面，分别是争取平等主权、争取政治独立、争取种族平等、争取经济正义和争取文化自由。就最后一点而言，非西方国家的民众力图拒绝西方在知识和文化上的优势，转而强调他们自己在精神上的认同和自主。② 这样说来，当代世界中的文化差异以及由此产生的冲突，既与各种文化本身的性质有关，也是西方与非西方文化不平衡发展的历史后果。

在冷战期间，随着非西方国家在政治上的觉醒和经济上的发展，它们不仅吸收了西方文化中的主权平等、民族自决等价值观念，而且通过各种途径开始弘扬自己的传统文化。对于非西方国家所表达的包括文化正义在内的变革需求，布尔总体上报以同情，他希望西方国家对此予以调适。这一考虑不仅是为了伸张正义，更是出于维持秩序的需要。布尔写道："除非代表世界上绝大多数国家和绝大部分人口的第三世界国家相信国际秩序

---

① 王缉思主编：《文明与国际政治》，上海人民出版社 1995 年版，第 22 页。
② Hedley Bull, "The Revolt against the West", in Hedley Bull and Adam Watson, eds. , *The Expansion of International Society*, pp. 220 – 224.

对它们是有利的，否则这一秩序能够维持便是令人怀疑的。"①

冷战结束以后，长期主导国际政治的意识形态对抗不复存在，文化的因素进一步凸显出来。在亚洲、非洲和拉丁美洲的许多国家，政治精英和普通民众越来越多地强调自己独特的语言、宗教、风俗习惯和法律制度。在非西方世界看来，这是自然而然的事情；但在很多西方人眼里，这却是对其文化优势地位的严重挑战。于是，塞缪尔·亨廷顿便用"文明冲突论"来回应这种"挑战"。在他看来，具有不同文明的民族和集团之间的冲突将会成为冷战后全球政治中的主要冲突。②

亨廷顿的主张很可能是布尔始料未及的。当今全球性国际社会中缺乏一种共同文化，这自然会妨碍一些国家在某些领域的紧密合作。但是，共同利益、规则和制度的纽带依然存在，它们依旧发挥着维持秩序的功能。而且，在当今国际社会中还存在着一种外交文化或精英文化，即各国正式代表所共同拥有的理念和价值观。它是一种共同的现代知识文化，表现为某些共同语言（主要是英语），一种共同的关于世界的科学理解，某些为现代世界中的政府所普遍奉行的有关经济发展的共同观念和方法，以及这些观念和方法与现代技术的普遍联系。③ 当然，这种共同的外交文化主要存在于精英阶层，其根基尚不牢固，还需要一种共同的国际政治文化来支持。

二　文明标准与世界秩序

布尔关注文化的另一个方面，便是所谓的"文明标准"。④ 20 世纪以来，非西方国家反抗西方主导地位的一大成果，就是废除了西方国家强加的一系列不平等条约，而这些条约体现的正是西方制定的"文明标准"。根据这些标准，如果非西方国家在文明程度上达不到西方所提出的要求（如尊重基本人权，遵守国际法和外交惯例，废除奴隶制和其他野蛮刑罚），那么它们就不能以平等身份加入国际社会。在给江文汉所著《国际

---

① Hedley Bull, "Justice in International Relations," in Kai Alderson and Andrew Hurrell, eds., *Hedley Bull on International Society*, p. 243.

② Samuel P. Huntington, "The Clash of Civilizations?" *Foreign Affairs*, Summer 1993, p. 22.

③ Hedley Bull, *The Anarchical Society: A Study of Order in World Politics*, pp. 316 – 317.

④ 研究表明，正是布尔在 1978 年首先提出了文明标准与国际社会的扩展这一研究题目。参见张小明《诠释中国与现代国际社会关系的一种分析框架》，第 36 页。

社会中的"文明标准"》写的序言中，布尔并不认为文明标准只是表达了西方在文化上的傲慢自大，因为西方国家之间也都遵循这些标准，何况一些非西方国家（比如中国）在文化上的傲慢自大绝不亚于西方国家。两次世界大战造成了欧洲的衰落，但这并不意味着它们所制定的文明标准就是错误的，或者如今我们不再需要满足这些标准。①

文明标准本身是否正确暂且不论，西方国家在国际社会的扩展过程中强力推行这些标准，确实反映了西方与非西方在风俗习惯、人权观念、法律制度等方面的巨大差异。西方依靠占优势的政治、经济、军事力量扩张自身文化，难免引起非西方国家民众的反抗，导致世界秩序的不稳定。所谓"对西方的反抗"，既体现了国际政治中的弱势群体争取重新分配权力的努力，也体现了它们对以武力方式解决文化问题的不满和抗拒。

在当今世界，文明早已不再成为确定国际社会成员身份的标准，但布尔和江文汉等人对文明标准的论述仍然具有现实意义。一方面，一些非西方国家通过接受文明标准而进行自我改造，其国际行为方式确实比以前显得更加"文明"，比如对国际法的遵守和对国内酷刑的废除。另一方面，文明标准毕竟是由国际社会中占主导地位的西方国家制定的，体现了西方的思想和价值观念，在实践中往往成为西方向非西方施加外交压力的工具。冷战结束以后，西方国家又提出了一些"新文明标准"，其内容包括主权的重新界定、人权规范、民主规范、环境保护规范等。② 这些标准是否有利于世界秩序的维持尚需探讨，而依靠武力强行推广这些标准的行为更加值得警惕。例如，美国以国际战争和国内颠覆的方式推广西方民主的做法，已经在西亚和北非的很多地方造成了严重的无序状态。布尔的论述启示我们，文化和文明的差异本身并不足以威胁世界秩序，但解决这些差异的不当思维和行为往往会破坏世界秩序的维持机制。

三　世界主义文化的前景

虽然在没有共同文化的国际社会中，世界秩序仍然可以勉强维持，但是如果能够发展出一种共同文化，那么世界秩序的基础无疑会更加稳固。

---

① Hedley Bull, "Foreword", in Gerrit W. Gong, *The Standard of "Civilization" in International Society*, pp. ⅷ – ⅸ.

② 张小明：《诠释中国与现代国际社会关系的一种分析框架》，第42—47页。

布尔认为，国际社会的未来可能取决于多种因素，其中之一便是保持和扩展一种世界主义文化（cosmopolitan culture）。这种世界主义文化既含有某种共同的知识文化（common intellectual culture）要素，也含有某种共同的价值观念要素，或曰共同的道德文化（common moral culture）要素。前者表现为共同的语言、共同的哲学观或认识论、共同的文学或艺术传统，它们能够方便国际社会各成员之间的沟通；后者则表现为共同的宗教或共同的道德准则，它们可以加强对共同利益的认知，从而使得相关国家为共同义务观念联合在一起。①

需要说明的是，这种世界主义文化不仅体现为各国政治精英之间的外交文化，更重要的是，它表现为一种国际政治文化，即决定各个社会对待国际体系之态度的知识和道德文化。尽管这种世界主义文化在当前并不存在，但布尔对其未来发展表示了谨慎的乐观。他认为，当今世界政治中存在着处于萌芽状态的世界主义文化，它反映了一种对现代思考方式和行为方式的认可。② 目前，这种共同文化仍以西方文化为主导，如要使它具有真正的普世性并为世界性国际社会打下基础，则需要更多地吸收非西方文化的因素。③

在这里，布尔的思想展现了包容性而非对抗性。文化之间的差异是真实存在的，这种差异有时可能加剧已有的冲突，或者导致新的冲突。但是，消解差异和冲突的方式不是相互挤压和吞噬，而是相互吸收和融合。非西方文化中有许多积极因素，如果善加利用，完全可以为世界秩序的维持贡献更多智慧。比如，中国学者汤一介认为，儒家文化提倡普遍和谐，至少包括自然的和谐、人与自然的和谐、人与人的和谐、人自我身心内外的和谐四个层面。④ 笔者以为，如果能够保持和扩展这种"普遍和谐"的观念，对于世界的和平与发展无疑是大有裨益的。

---

① Hedley Bull, *The Anarchical Society: A Study of Order in World Politics*, p. 316.
② Robert Ayson, *Hedley Bull and the Accommodation of Power*, p. 120.
③ Hedley Bull, *The Anarchical Society: A Study of Order in World Politics*, p. 317.
④ 汤一介：《评亨廷顿的〈文明的冲突?〉》，载王缉思主编《文明与国际政治》，第254页。

第三节　学派建设与学术发展

讨论国际关系理论流派的发展和贡献，本不在本书的议题之内。鉴于国际关系学界公认赫德利·布尔是英格兰学派的代表人物，而本书又专门研讨布尔的世界秩序思想，这就不免要牵涉到他所置身其中的学派，以及这一学派对学术发展的影响。

一　英格兰学派：无心插柳柳成荫

众所周知，人们今天所谓之"国际关系英格兰学派"（the English School of International Relations）并不是这一派学者自己所使用的名称，而是其反对者强加给他们的。① 其实，那些被归为英格兰学派的学者，起初根本就没有打算建立一个国际关系理论流派。他们聚集在以查尔斯·曼宁为首的伦敦经济学院国际关系系，从事教学和科研工作；他们参加以马丁·怀特为精神领袖的英国国际政治理论委员会，研讨学术并出版著述。他们之所以进行这些活动，其原因仅仅是因为有共同的志趣，其目的仅仅是为了促进学术本身的发展。

即使在这一名称提出之后的十余年里，其代表人物中亦鲜有学者对其进行正面回应。彼时马丁·怀特和查尔斯·曼宁已经去世，赫德利·布尔、亚当·沃森和约翰·文森特等人均未对这一名称予以置评。尽管如此，他们对世界秩序问题的共同关注，他们对国际社会概念的共同使用，他们对历史问题而非当下问题的共同兴趣，他们对"源于历史、哲学和法律"的传统方法的共同偏好，以及这些学者之间比较紧密的个人关系（同事关系、师生关系、指导者与被指导者的关系），仍然可以证明他们确实形成了一个国际关系学派。

这一学术群体的学派意识的增强，仅仅是 20 世纪 90 年代以后的事情。到这个时候，那些真正创立这一学派的代表性学者大多都已离开人世（曼宁、怀特、布尔、文森特）。巴里·布赞担当起领军人物的角色，号召"英格兰学派的重聚"。他们通过英国国际研究协会等机构交流思想，

---

① Roy Jones, "The English School of International Relations: A Case for Closure", *Review of International Studies*, Vol. 7, No. 1, 1981, pp. 1 – 13.

通过《国际研究评论》等刊物发表文章，通过开办网站等方式扩大影响；他们编辑出版英格兰学派经典学者的生前手稿，阐释和批判英格兰学派代表著作中的重要思想，修正和补充英格兰学派对国际关系的传统看法；他们雄心勃勃，要将英格兰学派发展成为国际关系理论中的主流学派，就像美国的结构现实主义、自由制度主义和建构主义那样。

由此可见，英格兰学派的发展是一个从无意到有意、从自发到自觉的过程。其自发发展阶段尤为重要，因为它确立了这一学派的基本主题、概念框架和研究方法，从而为英格兰学派的后续发展打下了坚实的基础。在冷战时期，英格兰学派的著作淹没在美国强大的学术机器所制造的科研成果中。冷战结束以后，英格兰学派受到了越来越多的重视，如今已经发展成了一个世界性的学术品牌。

二　中国学派：千呼万唤不出来

在一定程度上受到英格兰学派成功的鼓舞，一些中国学者提出要建立"有中国特色的国际关系理论"或"中国学派"。这里首先存在一个误解，就是一些人把英格兰学派当成"英国学派"，即英国的学派或英国人的学派，从而提出以下问题："既然可以有国际关系研究的'英国学派'，为什么不能有'中国学派'？"① 鉴于英格兰学派本是一个以地区而非国家命名的学派，而今这一学派的范围早已超出了其原来的地区，那么这种类比的前提就是不存在的。

创建中国学派不能仅仅停留在口头上。从近些年学术界的努力来看，基本上走的是"古为今用"的路子。具体而言，就是发掘中国古代的思想文化资源，以此来丰富和发展现代的国际关系理论。在国内当前的学术研究中，发掘古代思想文化资源主要有两条途径。一是对古代思想进行详细梳理和精心选择，以便使其能够解释现代国际问题，或与现代国际关系理论"接轨"。这种做法的优点是能够展示出思想的丰富性，但其缺点也是比较明显的。由于中国古代思想的系统性和逻辑性不强，其对当代国际关系的直接指导意义似乎不大。"把古典文献中的具体论断甚或只言片语与西方当代理论机械对接，进而争辩说某某理论我们早在几千年前就有类

① 任晓：《走自主发展之路——争论中的"中国学派"》，载《国际政治研究》2009 年第 2 期，第 19 页。

似表述，实无意义。脱离了特定历史背景和具体语言环境的对比，难免有牵强附会之嫌。"① 二是寻找中国古代思想文化中的"精神"，也就是中国式的思维方式，以此来分析现实国际问题。在这方面，一些非国际关系领域的学者走在了国际关系学者的前面。例如，哲学家冯友兰提出"内圣外王"的思想，社会学家费孝通提出"差序格局"的思想，历史学家黄仁宇提出"间架性设计"的思想，② 这些都对国际关系研究具有借鉴意义。

尽管呼吁了很长时间，而且也确实做出了很大努力，传说中的"中国学派"却迟迟没有出现。原因何在？笔者以为，一个新学派的出现固然需要很长时间，但如果努力的方向不对就会走更多的弯路。为什么一定要追求一个单一的国家学派呢？中国在春秋战国时期百家争鸣，出现了学术繁荣的局面。我们现在能够发掘和使用的思想资源，并不是单由哪一家哪一派提供的。发掘不同的思想资源，确立不同的研究主题，提炼不同的核心概念，运用不同的研究方法，就可能催生不同的理论流派。美国并没有出现单一的"美国学派"，而是在不同时期出现了多个不同的学派。因此，中国国际关系学界完全没有必要举全国之力，去集中关注某一个核心概念或研究主题，使用某一种思想资源或研究方法。百花齐放才是国际关系理论发展的常态。如果说今后会出现所谓的"中国学派"，那也一定不会是一个中国学派，而是多个中国学派。

三　向英格兰学派学习：学习什么？

虽然英格兰学派不是"英国学派"，虽然创建单一的中国学派不具有必要性和必然性，但向英格兰学派学习仍然是必要的，甚至是必然的。原因在于，我们用以建构国际关系理论的参照系并不多。除了美国的三大主流理论之外，就数英格兰学派的影响最大了。那么，中国国际关系学界应该向英格兰学派学习什么？

要回答这个问题，首先要回答另一个问题：中国国际关系学界不该向英格兰学派学习什么？这就意味着，英格兰学派的有些做法是我们没有必

---

① 马国林：《国际社会和天下体系：比较与思考》，第 261 页。
② 关于这三种观点，可分别参见冯友兰《中国哲学简史》，生活·读书·新知三联书店 2009 年版；费孝通《乡土中国》，上海人民出版社 2007 年版；黄仁宇《中国大历史》，生活·读书·新知三联书店 2007 年版。

要学，或者根本就学不来的。第一，不该将重点放在学术机构的创建上。有人认为，英格兰学派是因为有了英国国际政治理论委员会才产生和发展起来的。这只是看到了一小部分真相，因为学术机构只是外在的东西，理论本身才是学派发展的关键。况且，中国目前的国际关系学术机构已经非常多了，并不缺少学术交流的平台。第二，不该将重点放在学者之间的私人关系上。一些英格兰学派成员之间的私人关系非常密切，这极大地便利了他们之间的学术交流。但是，现代通信和交通技术已经降低了学者之间面对面交流的重要性。更何况中国本身就是一个熟人社会，过多强调研究中的私人关系反而不利于学术的健康发展。

现在我们将目光转向前一个问题，即中国国际关系学界应当向英格兰学派学习什么？其实，国内学术界对此已经有过一些论述，所以我们在这里只做几点补充。

第一，提炼新概念的基本途径是使用旧名词。有人认为，英格兰学派的核心概念是国际社会；也有人认为，英格兰学派有国际体系、国际社会、世界社会三个核心概念；还有人认为，秩序也是英格兰学派的核心概念。但不管是一个还是多个，此类名词显然不是这一派学者自己发明的，而是对以往的术语进行重新界定而形成的新概念。这也说明，旧名词也可以变成新概念。新理论一定包含新概念，但形成新概念并不一定要创造新名称——能够创造新名称并将其概念化当然是值得鼓励的，但"新瓶装旧酒"的标新立异却是没有必要的。中国古代思想中有很多重要的术语，将其推陈出新就可能产生新概念，从而为新的理论体系准备条件。其实，少数中国学者已经开始了有益的尝试，赵汀阳的"天下"概念、秦亚青的"关系"概念和叶自成的"华夏"概念代表了这方面的最新进展。①

第二，学术研究不能与现实政策走得太近。英格兰学派一贯注重历史问题甚于关注当前问题，对现实政策保持一定距离的超然态度是其能够创建宏大理论的一个原因。赫德利·布尔就此明确指出："努力寻求可以称为'解决方案'或者'具体建议'的结论的做法，是当今世界政治研究中的一个弊病。当今的世界政治研究应该是一种智力活动，而不是一种实

---

① 赵汀阳：《天下体系：世界制度哲学导论》；秦亚青：《国际关系理论：反思与重构》，北京大学出版社 2012 年版；叶自成、龙泉霖：《华夏主义——华夏体系 500 年的大智慧》，人民出版社 2013 年版。

践活动。"① 中国的国际关系研究具有明显的政策导向，进行基础理论的研究难以受到重视，这种情况从长期来看不利于学科的发展。

第三，学者的培养比学派的创立更为重要。毫无疑问，学科和学派都需要学者来创建。我们很难想象，没有像赫德利·布尔这样潜心研究国际社会和世界秩序的学者，会有今天的英格兰学派。因此，中国国际关系学发展的根本问题便是对国际关系学者的培养，而学者的培养需要营造能使学者自由发展的宽松环境。能否打通各学科之间的人为壁垒就是一个问题。布尔的教育背景原本是历史、哲学和政治，却能够以外行身份成为英国著名大学的国际关系教师，放在当前中国高校的人才选用机制中就很可能被淘汰。能否在政策部门和学术机构之间转换身份也是一个问题。布尔当年能够以学者身份进入英国外交部，而后又以外交部成员身份重返学术界，这对于进一步优化中国学术界和政策界之间的关系也有启示意义。

当前，中国已经是物质生产大国，但还不是知识生产大国，在国际关系研究领域尤其如此。英格兰学派的成功或许无法复制，但赫德利·布尔的经历仍然具有参考价值。在当前和今后一段时间，中国未必真正需要一个像英格兰学派这样的理论流派，但它肯定需要一批像赫德利·布尔这样的杰出学者。

---

① ［英］赫德利·布尔：《无政府社会——世界政治中的秩序研究》（第四版），第270页。

结　　论

"承认自己处于黑暗之中，总比假装能够看到光明要好。"

——赫德利·布尔

本书研究特定学者的具体思想，在广义上属于国际关系思想史的研究。进行思想史的研究，不仅要说明一种思想的产生背景和发展过程，更要介绍其基本内容和思想特点，还要指出这种思想对当今世界的理论启示和现实意义。在本书中，笔者尝试在这三个方面进行初步探索，并力图在某些地方提出些许个人看法，以期抛砖引玉，促进学术界对相关问题的关注和探讨。

赫德利·布尔的研究兴趣和视野非常宽广，既涉及历史进程又涉及理论建构，既涉及全球问题又涉及地区问题，但其中一以贯之的主线是世界秩序。当然，他不是孤立地研究秩序问题，而是将其与社会、制度结合起来进行讨论，形成了一个相对完整的理论架构。

布尔针对世界秩序问题出版了数本专著和文集，并发表了大量学术论文。其中，能够集中体现其思想的无疑是他的代表作《无政府社会》。在这本国际关系经典著作中，布尔用生命、诚信和财产权三个社会生活中的基本目标来界定秩序，并探讨了体系与社会、秩序与正义等相关概念。这些论述表明，秩序是和社会相关联的问题，布尔笔下的世界秩序不是纯粹物质性的国际体系秩序，其当前表现是国际社会秩序。

然而，这一看法面临着另一种思想的挑战。在相关著述中，雷蒙·阿隆将秩序定义为"最低程度的共存状况"，并提出了"非社会的社会"和"无政府的秩序"等概念。通过对布尔所说的社会秩序与阿隆所说的非社会秩序的比较，可以初步认为国际社会既不是一个完全意义上的"社会"

（成员之间具有共同利益、规则和制度），也不是一个完全意义上的"非社会"（其中既没有中央政府又缺少共同文化，并且由于没有外部敌人而缺乏内部凝聚力），而是介于二者之间的"半社会"。

在国际社会中，世界秩序通过何种方式得以维持？布尔着重探讨了五项国际制度，分别是均势、国际法、外交、战争和大国管理。这些制度与更深层的国家制度和更浅层的国际机制共同作用，以直接或间接的方式维持着世界秩序。由此推知，国际社会中的制度实际上包括确定体系类型、成员身份和互动模式的本构制度、实现成员之间共处目标的共处制度和促进成员之间在具体领域进行合作的合作制度，三个层次之间是功能递减关系。

在布尔所确定的五项国际制度中，大国管理是一项重要而特殊的制度。它与亚兰·沃森所阐述的集体霸权既很相像，又有区别。通过对二者的比较，可以初步认为布尔所说的五项制度本质上属于深层次的、习惯性的、非正式的制度，即"潜制度"。潜制度具有显性化的可能，但这不能超出其基本功能所容纳的限度。另一方面，布尔的大国管理制度比沃森的集体霸权制度具有更多的合法性和更大的灵活性，因而具有更强的理论扩展前景和现实适应能力。

国际社会毕竟只是通向世界秩序的一条道路。那么，人类是否还有其他更好的政治选择呢？通过考察国际社会之内的其他形式（裁军的世界、国家的团结一致、众多核国家并存的世界和意识形态的同质性），以及超越国际社会的替代模式（是体系，但没形成社会；有国家，但没形成体系；世界政府；新中世纪主义），布尔明确指出：没有证据表明，国际社会在短期内会被其他世界秩序模式所取代。这样看来，当前维持世界秩序的最佳途径就是对国际社会加以改革，使其中的社会要素得到加强。

布尔的世界秩序思想立足于欧洲国际社会及其扩展的历史叙事，因而难免带有西方中心主义的痕迹。而要全面考察世界秩序的实现途径，就必须对其有所超越。赵汀阳以中国古代的天下观为思想资源进行理论发挥，提出了一种实现冲突最小化、合作最大化的理想模式，这就是"天下体系"。通过对国际社会和天下体系的比较，可以初步认为布尔所说的秩序实际上是一种"弱秩序"，因为它追求的是国家共存，而非"天下大治"。

通过对布尔思想的梳理及与其他相关学者思想的比较，不难发现：布尔的世界秩序思想并未过时，它对当前世界政治现实的变化和国际关系理论的发展具有重要的启示意义。布尔对国内类比方法的批判，促使我们在认识国际政治的本质时保持冷静和清醒；布尔关于文化差异与共同文化的关注，促使我们在认识世界秩序的主要威胁时避免狭隘的物质利益至上观念；布尔在学科建设和学派发展方面的努力，促使我们在探索中国国际关系理论方面更有目标性和方向感。

拿一个人的思想和三个人的思想进行比较，多少给人一种舍简就繁的感觉。但笔者实在找不到这样一位学者：他在秩序的本质属性、维持手段和实现途径等方面可以单独和布尔进行比较。这就说明，布尔对世界秩序的考察是非常系统、非常细致的。相比之下，本文对布尔世界秩序思想的评述和比较是相当简略、相当粗浅的。但从抛砖引玉的角度讲，文中的基本观点也还是有一定意义和价值的。

在研究世界秩序时，布尔提出的基本问题是：在世界政治中，秩序如何得以实现？通过分析和比较，他的明确回答是：通过国际社会框架，依靠国际制度来维持。因此，社会、制度、秩序各自的性质以及它们之间的相互关系，构成了布尔世界秩序思想的基本内容。

本书的分析表明，布尔所界定的社会、制度、秩序均具有特殊含义。首先，国际社会虽然具有共同利益、规则和制度，但其中既没有中央政府又缺少共同文化，并且由于没有外部敌人而缺乏内部凝聚力，因而只是一个由国家组成的、不完全的社会，即"半社会"。其次，均势等五项国际制度虽然在国际社会的运行中发挥着基础性作用，但它们既没有获得成员的普遍和明确认可，也没有依赖相关的国际组织来配套运行，因而只是一些深层次的、习惯性的、非正式的制度，即"潜制度"。最后，当前的世界秩序既不能免受战争影响而稳健运行，也不能确保国家之间的合作和繁荣，更不能充分满足弱势国家的正义变革需求，因而只是一种不稳定的、不牢靠的、基础脆弱的秩序，即"弱秩序"。

社会、制度、秩序三者之间的关系是：世界秩序是以国际社会为框架来实现的，而国际社会是以国际制度为纽带来维系的。半社会、潜制度、弱秩序之间的关系也是如此。基于共处目标的弱秩序只需在一个没有中央政府、缺乏共同文化的半社会中便可实现，而这样一个半社会也主要依靠一些成员心照不宣的潜制度进行支撑。

借社会、制度、秩序之名，而取半社会、潜制度、弱秩序之实，这便是布尔世界秩序思想的独特之处。究其原因，当存在于国际关系研究中性质与程度之间的模糊性。一方面，布尔认为国际关系形成了一个"社会"，其中存在着一些"制度"，这些制度共同维持着一种"秩序"；另一方面，这个社会却不是一个通常意义上的完全社会，这些制度也不是通常意义上的显性制度，这种秩序更不是通常意义上的稳定秩序。这样看来，布尔的世界秩序思想从表面上看是性质分析，但实际上是程度分析。换句话说，布尔的研究中暗含着一种"化程度问题为性质问题"的思维倾向。

当然，笔者并不完全否认布尔对社会、制度、秩序之性质的认定，只是强调其中隐含的程度问题。本书的目的不是要用半社会、潜制度、弱秩序这三个新的术语来代替布尔所说的社会、制度、秩序这三个传统术语，而是要指出布尔世界秩序思想的表面含义和实质含义之间的不一致性，以期引起人们对国际关系研究中的性质与程度之间模糊性的重视。

在人文社会科学研究中使用"半""潜""弱"这样的词语，是有先例可循的。历史研究中一般将鸦片战争以来的中国社会性质界定为"半殖民地半封建社会"，地缘政治学和国际政治经济学中也有"中心""边缘""半边缘"这样的说法。"潜"也是一个比较常用的修饰词，比如奥地利精神分析学家弗洛伊德（Sigmund Freud）所说的"潜意识"，美国社会学家默顿（Robert King Merton）所说的"潜功能"，中国作家吴思所说的"潜规则"，等等。"强"和"弱"是用来表示程度的，比如人们常说的"强政府，弱社会"之类。当然，"半""潜""弱"这三个词语在英文中都有多种不同的对应词汇。本书并不追随其他学者在不同语境中对这些词语的各自解释和翻译，而是只就布尔的思想来界定它们的含义。

虽然笔者试图努力对布尔的世界秩序思想做出解读，但并不敢宣称这种解读就一定是准确的。尤其是，当我们以比较肯定的语气来评述布尔思想的时候，我们可能要冒一种堂吉诃德式的风险。布尔的思想本身就存在一些矛盾和模糊之处，我们不可能把本身就不清楚的东西说得很清楚。关于这一点，我们应当拿布尔本人的一句话引以为戒："承认自己处于黑暗之中，总比假装能够看到光明要好。"[1]

布尔的一些观点比较摇摆的一个可能的原因是，他的哲学思维使得他对一切都抱持怀疑态度。正如戴维·阿姆斯特朗所说，布尔的思想对任何观点、理论或事实都是开放的。"事实上，如果他被贴上什么'主义'的

---

[1]　Hedley Bull, *The Anarchical Society: A Study of Order in World Politics*, p. 320.

标签的话，那就是'怀疑主义（scepticism）'。"① 这种做法在给后来者的理解造成困难的同时，也为后来者从不同角度进行研究留下了余地。因此，将布尔思想作为研究的起点而非终点，恐怕是研究世界秩序的人们的共同看法。

布尔的一些观点比较摇摆的另一个可能的原因是，他的思想当时仍然处在发展变化过程中。布尔晚年有几个比较宏大的研究计划：一是写一部《无政府社会》的姊妹篇，主要研究正义问题；二是主编一部《国际社会的扩展》的姊妹篇，主要探讨非西方国家和地区对西方主导地位的反抗；三是写一本国际关系思想史，并已进入资料搜集阶段。我们可以设想，依布尔的学术能力和治学态度，如果这三本著作得以问世，那么他对国际关系理论和世界秩序思想必将贡献更多的智慧和灵感。

布尔已经离开了我们，但他的思想仍在启迪着、激励着、鼓舞着和困扰着我们。当我们天天在报纸上看到"国际社会一致认为……"的时候，我们会想起布尔的国际社会定义，思考这两种"国际社会"是否同一回事，并进而思考一些更加具体的问题：如果中国不能接受西方在人权等领域的"新文明标准"，那么这是否意味着中国尚未完全融入国际社会？如果朝鲜仅与有限的几个邻国互动，那么这是否意味着朝鲜要自绝于国际社会之外？如果以色列与巴勒斯坦阿拉伯人长期冲突不断，那么这是否意味着它们并不处于同一个国际社会之中？

当我们面对核扩散和气候变化等问题而忧心忡忡的时候，我们会想起布尔的大国管理制度，思考大国的共同利益和共同责任究竟体现在哪里，并进而思考一些更加具体的问题：美国退出《京都议定书》，是否表明美国仍然是世界上"最大的不负责任者"？金融及相关领域从"G8"和"G20"再到"G2"的变化，是否预示着集体霸权的雏形？金砖国家（BRICS）的群体性崛起是否意味着大国协调的基本条件已经具备？

当我们对中国的和平发展津津乐道的时候，我们会想起布尔关于秩序与正义的论述，思考中国崛起与世界秩序的关系问题，进而思考一些更加具体的问题：作为成长中的大国，中国在政治、经济和文化领域对于秩序变革的需求是什么？当受限制的战争作为一种制度（潜制度）为国际社会所默许时，"和平"与"崛起"之间是否存在某种张力？当发达国家、

① David Armstrong, "The Nature of Law in an Anarchical Society", p. 121.

新兴发展中大国和其他国家围绕资源和权力分配产生矛盾时，秩序和正义之间的优先性如何确定？

　　布尔的思想不仅启发我们思考现实问题，而且能够帮助我们思考国际关系理论问题和学科建设问题。在美国主流理论占据主导地位的国际关系领域，英格兰学派的强势崛起令很多中国学者既羡慕，又纳闷：它怎么能够形成一个理论流派，并且产生如此巨大的影响？当我们把目光聚焦在布尔身上，答案便隐约可见：关注世界秩序这样的宏大理论问题，凝炼出国际社会这样的核心概念，将社会、制度、秩序三者之间的关系置于历史和现实的广阔背景下进行深入考察。从布尔和英格兰学派的经验中，我们可以探寻中国国际关系学界应当努力的方向。

参考文献

一　英文文献

（一）著作

1.　Akihiko, Tanaka, *The New Middle Ages: The World System in the 21st Century*, Tokyo: The International House of Japan, 2002.

2.　Alderson, Kai and Hurrell, Andrew, eds., *Hedley Bull on International Society*, London: Macmillan Press, 2000.

3.　Aron, Raymond, *Peace and War: A Theory of International Relations*, New Brunswick; London: Transaction Publishers, 2003.

4.　Bull, Hedley, *The Control of the Arms Race*, Second Edition, New York: Frederick A. Praeger, 1965.

5.　Bull, Hedley, ed., *Asia and the Western Pacific: Towards a New International Order*, Melbourne: Nelson, 1975.

6.　Bull, Hedley, *The Anarchical Society: A Study of Order in World Politics*, New York: Columbia University Press, 1977.

7.　Bull, Hedley and Watson, Adam, eds., *The Expansion of International Society*, Oxford: Clarendon, 1984.

8.　Bull, Hedley, ed., *Intervention in World Politics*, Oxford: Clarendon, 1984.

9.　Bull, Hedley, ed., *The Challenge of the Third Reich: The Adam von Trott Memorial Lectures*, Oxford: Clarendon, 1986.

10.　Bull, Hedley and Louis, Wm. Roger, eds., *The 'Special Relationship': Anglo-American Relations since 1945*, Oxford: Clarendon, 1986.

11.　Bull, Hedley, Kingsbury, Benedict, and Roberts, Adam, eds., *Hugo*

Grotius and International Relations, Oxford: Clarendon, 1990.

12. Buzan, Barry, *From International to World Society? English School Theory and the Social Structure of Globalisation*, Cambridge: Cambridge University Press, 2004.

13. Bell, Coral and Thatcher, Meredith, eds. , *Remembering Hedley*, Canberra: ANU E Press, 2008.

14. Callahan, William A. , *China: the Pessoptimist Nation*, Oxford: Oxford University Press, 2010.

15. Clark, Ian, *Hegemony in International Society*, Cambridge: Cambridge University Press, 2011.

16. Dunne, Tim, *Inventing International Society: A History of the English School*, New York: St. Martin's Press, 1998.

17. Griffiths, Martin, *Realism, Idealism and International Politics*, London: Routledge, 1992.

18. Hurrell, Andrew, *On Global Order: Power, Values, and the Constitution of International Society*, Oxford: Oxford University Press, 2007.

19. Jackson, Robert, *The Global Covenant: Human Conduct in a World of States*, Oxford: Oxford University Press, 2000.

20. Keene, Edward, *Beyond the Anarchical Society: Grotius, Colonialism and Order in World Politics*, Cambridge: Cambridge University Press, 2002.

21. Kissinger, Henry, *World Order*, New York: Penguin Press, 2014.

22. Linklater, Andrew and Suganami, Hidemi, *The English School of International Relations: A Contemporary Reassessment*, Cambridge: Cambridge University Press, 2006.

23. Little, Richard and Williams, John, eds. , *The Anarchical Society in a Globalized World*, Basingstoke; New York: Palgrave Macmillan, 2006.

24. Little, Richard, *The Balance of Power in International Relations: Metaphors, Myths and Models*, Cambridge: Cambridge University Press, 2007.

25. Miller, J. D. B. and Vincent, R. J. , eds. , *Order and Violence: Hedley Bull and International Relations*, Oxford: Clarendon Press, 1990.

26. O'Neill, Robert and Schwartz, David N. , eds. , *Hedley Bull on Arms Control*, London: Macmillan Press, 1987.

27.　Suganami, Hidemi, *The Domestic Analogy and World Order Proposals*, Cambridge: Cambridge University Press, 1989.

28.　Vigezzi, Brunello, Translated by Ian Harvey, *The British Committee on the Theory of International Politics (1954 – 1985): the Rediscovery of History*, Milano: Edizioni Unicopli, 2005.

29.　Wang, Gungwu and Zheng, Yongnian, eds., *China and the New International Order*, London: Routledge, 2008.

30.　Watson, Adam, *The Evolution of International Society: A Comparative Historical Analysis*, London; New York: Routledge, 1992.

31.　Watson, Adam, *Hegemony and History*, London; New York: Routledge, 2007.

32.　Wheeler, Nicholas J., *Saving Strangers: Humanitarian Intervention in International Society*, Oxford: Oxford University Press, 2000.

33.　Wight, Martin, *International Theory: the Three Traditions*, Leicester: Leicester University Press, 1991.

（二）文章

1.　Aron, Raymond, "The Anarchical Order of Power", *Daedalus*, Vol. 95, No. 2, 1966, pp. 479 – 502.

2.　Aron, Raymond, "What Is a Theory of International Relations?" *Journal of International Affairs*, Vol. 21, No. 2, 1967, pp. 185 – 206.

3.　Bull, Hedley, "What is Commonwealth?" *World Politics*, Vol. 11, No. 4, 1959, pp. 577 – 587.

4.　Bull, Hedley, "International Theory: The Case for a Classical Approach", *World Politics*, Vol. 18, No. 3, 1966, pp. 361 – 377.

5.　Bull, Hedley, "Society and Anarchy in InternationalRelations", in Herbert Butterfield and Martin Wight, eds., *Diplomatic Investigations: Essays in the Theory of International Politics*, London: George Allen & Unwin Ltd, 1966, pp. 35 – 50.

6.　Bull, Hedley, "The Grotian Conception of International Society", in Herbert Butterfield and Martin Wight, eds., *Diplomatic Investigations: Essays in the Theory of International Politics*, London: George Allen & Unwin Ltd, 1966, pp. 51 – 73.

7.　Bull, Hedley, "Review of Raymond Aron, *Peace and War: A Theory of In-*

ternational Relations", *Survival*, November 1967, pp. 371 – 373.

8. Bull, Hedley, "Order vs. Justice in International Society", *Political Studies*, Vol. 19, No. 3, 1971, pp. 269 – 283.

9. Bull, Hedley, "The Theory of International Politics, 1919 – 1969", in Brian Porter, ed., *The Aberystwyth Papers*, Oxford: Oxford University Press, 1972, pp. 30 – 55.

10. Bull, Hedley, "International Relations as an Academic Pursuit", *Australian Outlook*, Vol. 26, No. 3, 1972, pp. 251 – 265.

11. Bull, Hedley, "Violence and Development", in Robert E. Hunter and John E. Reilly, eds., *Development Today: A New Look at US Relations with the Poor Countries*, New York: Praeger, 1972, pp. 99 – 115.

12. Bull, Hedley, "New Directions in the Theory of International Relations", *International Studies*, Vol. 14, No. 3, 1975, pp. 277 – 287.

13. Bull, Hedley, "Martin Wight and the Theory of International Relations: The Second Martin Wight Memorial Lecture", *British Journal of International Relations*, Vol. 2, No. 2, 1976, pp. 101 – 116.

14. Bull, Hedley, "The Third World and International Society", in George W. Keeton and Georg Schwarzenberger, eds., *The Year Book of World Affairs* 1979, London: Stevens and Sons, 1979, pp. 15 – 31.

15. Bull, Hedley, "Human Rights and World Politics", in Ralph Pettman, ed., *Moral Claims in World Affairs*, London: Croom Helm, 1979, pp. 79 – 91.

16. Bull, Hedley, "The Great Irresponsibles? TheUnitied States, the Soviet Union, and World Order", *International Journal*, Vol. 35, No. 3, 1980, pp. 437 – 447.

17. Bull, Hedley, "The Revolt against the West", in M. S. Rajan and Shivaji Ganguly, eds., *Great Power Relations, World Order and the Third World: Essays in Memory of Sisir Gupta*, New Delhi: Vikas Publishing House, 1981, pp. 200 – 208.

18. Bull, Hedley, "The American Presidency Viewed from Britain and Australia", in Kenneth W. Thompson, ed., *The American Presidency: Perspectives from Abroad*, Lanham; London: University Press of America,

1986, pp. 1 – 19.

19. Bull, Hedley, "Disarmament and the International System", in Robert O'Neill and David N. Schwartz, eds. , *Hedley Bull on Arms Control*, London: Macmillan Press, 1987, pp. 27 – 40.

20. Bull, Hedley, "Justice in International Relaitions", in Kai Alderson and Andrew Hurrell, eds. , *Hedley Bull on International Society*, London: Macmillan Press, 2000, pp. 207 – 245.

21. Buzan, Barry, "From International System to International Society: Structural Realism and Regime Theory Meet the English School", *International Organization*, Vol. 47, No. 3, 1993, pp. 327 – 352.

22. Callahan, William A. , "Nationalising International Theory: Race, Class and the English School", *Global Society*, Vol. 18, No. 4, 2004, pp. 305 – 323.

23. Der Derian, James, "Hedley Bull and the Idea of Diplomatic Culture", in Rick Fawn and Jeremy Larkins, eds. , *International Society after the Cold War*, Basingstoke; London: Macmillan Press, 1996, pp. 84 – 100.

24. Dunne, Tim, "Society and Hierarchy in International Relations", *International Relations*, Vol. 17, No. 3, 2003, pp. 303 – 320.

25. Halliday, Fred and Rosenberg, Justin, "Interview with Ken Waltz", *Review of International Studies*, Vol. 24, 1998, pp. 371 – 386.

26. Hoffmann, Stanley, "Report of the Conference on Conditions of World Order—June 12 – 19, 1965, Villa Serbelloni, Bellagio, Italy", *Daedalus*, Vol. 95, No. 2, 1966, pp. 455 – 478.

27. Hurrell, Andrew, "Order and Justice in International Relations: What Is at Stake?" in Rosemary Foot, John Gaddis and Andrew Hurrell, eds. , *Order and Justice in International Relations*, New York: Oxford University Press, 2003, pp. 24 – 48.

28. James, Alan, "System or Society?" *Review of International Studies*, Vol. 19, 1993, pp. 269 – 288.

29. Keohane, Robert O. , "International Institutions: Two Approaches", *International Studies Quarterly*, Vol. 32, No. 4, 1988, pp. 379 – 396.

30. Linklater, Andrew, "The English School", in Scott Burchill, ed. , *Theo-*

ries of International Relations, Fourth Edition, Basingstoke: Palgrave, 2009, pp. 86 – 110.

31. Milner, Helen, "The Assumption of Anarchy in International Relations Theory: A Critique", in David A. Baldwin, ed., Neorealism and Neoliberalism: the Contemporary Debate, New York: Columbia University Press, 1993, pp. 143 – 169.

32. Rosecrance, Richard, "International Theory revisited", International Organization, Vol. 35, No. 4, 1981, pp. 691 – 713.

33. Suganami, Hidemi, "The Structure of Institutionalism: An Anatomy of British Mainstream International Relations", International Relations, Vol. 7, 1983, pp. 2363 – 2381.

34. Watson, Adam, "Hedley Bull, States Systems and International Societies", Review of International Studies, Vol. 13, 1987, pp. 147 – 153.

35. Wheeler, Nicholas J., "Pluralist or Solidarist Conceptions of International Society: Bull and Vincent on Humanitarian Intervention", Millennium – Journal of International Studies, Vol. 21, 1992, pp. 463 – 487.

36. Wheeler, Nicholas J. and Dunne, Timothy, "Hedley Bull's Pluralism of the Intellect and Solidarism of the Will", International Affairs, Vol. 72, No. 1, 1996, pp. 91 – 107.

37. Williams, John, "Hedley Bull and Just War: Missed Opportunities and Lessons to Be Learned", European Journal of International Relations, Vol. 16, No. 2, 2010, pp. 179 – 196.

38. Zhang, Xiaoming and Buzan, Barry, "Debating China's Peaceful Rise", The Chinese Journal of International Politics, Vol. 3, 2010, pp. 447 – 460.

二 中文文献

（一）著作

1. 陈志瑞等主编：《开放的国际社会——国际关系研究中的英国学派》，北京大学出版社 2006 年版。

2. ［美］费正清编：《中国的世界秩序——传统中国的对外关系》，杜继东译，中国社会科学出版社 2010 年版。

3. ［美］弗朗西斯·福山：《政治秩序的起源：从前人类时代到法国大革

命》，毛俊杰译，广西师范大学出版社 2012 年版。

4. ［英］哈特：《法律的概念》（第二版），许家馨、李冠宜译，法律出版社 2011 年版。

5. ［美］汉斯·摩根索：《国家间政治：权力斗争与和平》（第七版），徐昕、郝望、李保平译，北京大学出版社 2006 年版。

6. ［英］赫德利·布尔：《无政府社会——世界政治中的秩序研究》（第四版），张小明译，上海人民出版社 2015 年版。

7. ［英］赫德利·布尔、亚当·沃森主编：《国际社会的扩展》，周桂银、储召锋译，中国社会科学出版社 2014 年版。

8. ［荷］胡果·格劳秀斯：《战争与和平法》，何勤华等译，上海人民出版社 2005 年版。

9. ［法］雷蒙·阿隆：《雷蒙·阿隆回忆录：五十年的政治反思》，杨祖功等译，新星出版社 2006 年版。

10. 李少军：《国际政治学概论》（第三版），上海人民出版社 2009 年版。

11. 刘德斌主编：《英国学派理论与国际关系史研究》，北京大学出版社 2011 年版。

12. ［加拿大］罗伯特·W. 考克斯：《生产、权力和世界秩序——社会力量在缔造历史中的作用》，林华译，世界知识出版社 2004 年版。

13. ［美］玛莎·芬尼莫尔：《国际社会中的国家利益》，袁正清译，上海人民出版社 2012 年版。

14. 苗红妮：《国际社会理论与英国学派的发展》，中国社会科学出版社 2009 年版。

15. ［英］尼古拉斯·惠勒：《拯救陌生人：国际社会中的人道主义干涉》，张德生译，中央编译出版社 2011 年版。

16. 潘忠岐：《世界秩序：结构、机制与模式》，上海人民出版社 2004 年版。

17. 庞中英：《全球治理与世界秩序》，北京大学出版社 2012 年版。

18. 秦亚青：《权力·制度·文化：国际关系理论与方法研究文集》，北京大学出版社 2005 年版。

19. 秦亚青主编：《中国学者看世界·国际秩序卷》，新世界出版社 2007 年版。

20. ［美］塞缪尔·亨廷顿：《文明的冲突与世界秩序的重建》，周琪等译，新华出版社 2010 年版。

21. ［英］托马斯·霍布斯：《利维坦》，黎思复、黎廷弼译，商务印书馆 1985 年版。

22. 王逸舟：《西方国际政治学：历史与理论》（第二版），上海人民出版社 2006 年版。

23. 许嘉等：《"英国学派"国际关系理论研究》，时事出版社 2008 年版。

24. 许倬云：《西周史》（增补二版），生活·读书·新知三联书店 2012 年版。

25. 阎学通、徐进编：《中国先秦国家间政治思想选读》，复旦大学出版社 2008 年版。

26. ［美］詹姆斯·多尔蒂、小罗伯特·普法尔茨格拉夫：《争论中的国际关系理论》（第五版），阎学通、陈寒溪等译，世界知识出版社 2004 年版。

27. 张小明：《国际关系英国学派——历史、理论与中国观》，人民出版社 2010 年版。

28. 章前明：《英国学派的国际社会理论》，中国社会科学出版社 2009 年版。

29. 赵汀阳：《天下体系：世界制度哲学导论》，江苏教育出版社 2005 年版。

30. 赵汀阳：《坏世界研究：作为第一哲学的政治哲学》，中国人民大学出版社 2009 年版。

（二）文章

1. ［英］巴里·布赞：《中国能和平崛起吗?》，载《国际政治科学》2010 年第 2 期。

2. 冯维江：《试论"天下体系"的秩序特征、存亡原理及制度遗产》，载《世界经济与政治》2011 年第 8 期。

3. 郭观桥：《国际社会及其机理——赫德利·布尔的国际关系思想》，载《欧洲研究》2005 年第 4 期。

4. ［美］加勒特·哈丁：《公用地的悲剧》，载［美］罗伯特·J. 阿特、罗伯特·杰维斯编《国际政治——常在概念和当代问题》（第七版），时殷弘、吴征宇译，中国人民大学出版社 2007 年版。

5. 李世友：《雷豪·阿隆国际关系学说述评》，载《安徽大学学报》（哲学社会科学版）2001 年第 2 期。

6. 刘鸣：《国际体系与世界社会、国际秩序及世界秩序诸概念的比较》，载《社会科学》2004 年第 2 期。

7. 潘忠岐：《世界秩序理念的历史发展及其在当代的解析》，载《欧洲》2002 年第 4 期。

8. 秦亚青：《关系本位与过程建构：将中国理念植入国际关系理论》，载《中国社会科学》2009 年第 3 期。

9. 秦亚青：《作为关系过程的国际社会——制度、身份与中国和平崛起》，载《国际政治科学》2010 年第 4 期。

10. 尚会鹏：《"伦人"与"天下"——解读以朝贡体系为核心的古代东亚国际秩序》，载《国际政治研究》2009 年第 2 期。

11. 时殷弘、叶凤丽：《现实主义·理性主义·革命主义——国际关系思想传统及其当代典型表现》，载《欧洲》1995 年第 3 期。

12. 王缉思：《美国霸权的逻辑》，载《美国研究》2003 年第 3 期。

13. 汪晖：《亚洲想象的政治》，载周方银、高程主编《东亚秩序：观念、制度与战略》，社会科学文献出版社 2012 年版。

14. 徐龙第：《赫德利·布尔的国际关系学科思想研究》，载《国际论坛》2007 年第 4 期。

15. ［美］亚历山大·温特：《世界国家的出现是历史的必然——目的论与无政府逻辑》，秦亚青译，载《世界经济与政治》2003 年第 11 期。

16. 张小明：《英国学派还是英格兰学派?》，载《世界经济与政治》2008 年第 5 期。

17. 张小明：《中国的崛起与国际规范的变迁》，载《外交评论》2011 年第 1 期。

18. ［英］张勇进、巴里·布赞：《作为国际社会的朝贡体系》，载《国际政治科学》2012 年第 3 期。

19. 章前明：《布尔的国际社会思想》，载《浙江学刊》2008 年第 1 期。

20. 赵汀阳：《天下体系的一个简要表述》，载《世界经济与政治》2008 年第 10 期。

附录 赫德利·布尔主要著述

资料来源：根据以下著作所列赫德利·布尔文献整理而成，并结合笔者所收集的其他材料有所扩充。（1）Robert O'Neill and David N. Schwartz, eds., *Hedley Bull on Arms Control*, London：Macmillan Press, 1987；（2）J. D. B. Miller and R. J. Vincent, eds., *Order and Violence：Hedley Bull and International Relations*, Oxford：Clarendon Press, 1990；（3）Robert Ayson, *Hedley Bull and the Accommodation of Power*, Basingstoke：Palgrave Macmillan, 2012.

一 专著和论文集

The Control of the Arms Race：Disarmament and Arms Control in the Nuclear Age, London：Weidenfeld & Nicolson, 1961.

Asia and the Western Pacific：Towards a New International Order（edited）, Melbourne：Nelson, 1975.

The Anarchical Society：A Study of Order in World Politics, London and Basingstoke：Macmillan, 1977.

Systems of States（essays by Martin Wight, edited with an introduction）, Leicester：Leicester University Press, 1977.

Power Politics（by Martin Wight, edited with Carsten Holbraad）, Leicester：Leicester University Press, 1978.

The Expansion of International Society（edited with Adam Watson）, Oxford：Clarendon, 1984.

Intervention in World Politics（edited）, Oxford：Clarendon, 1984.

The Challenge of the Third Reich：the Adam von Trott Memorial Lectures (edited), Oxford: Clarendon, 1986.

The "Special Relationship": Anglo – American Relations since 1945 (edited with Wm. Roger Louis), Oxford: Clarendon, 1986.

Hugo Grotius and International Relations (edited with Benidict Kingsbury and Adam Roberts), Oxford: Clarendon, 1990.

二　文章和小册子

"The Academic Tradition", ARNA, 1950.

"The Propriety of Political Philosophy", Clare Market Review, Vol. 51, No. 1, 1955.

"World Opinion and International Organization", International Relations, Vol. 1, No. 9, 1958.

"Disarmament and the International System", The Australian Journal of Politics and History, Vol. 5, No. 1, 1959.

"What is the Commonwealth?" World Politics, Vol. 11, No. 4, 1959.

"The Arms Race and the Banning of Nuclear Tests", The Political Quarterly, Vol. 30, No. 4, 1959.

"Nigeria", Current Affairs Bulletin, Vol. 25, No. 7, 1960.

"Systematic Innovation and Social Philosophy", Inquiry, Vol. 3, No. 3, 1960.

"The Many Sides of British Unilateralism", The Reporter, 16 March 1961.

"Cold War Diplomacy", Current Affairs Bulletin, Vol. 28, No. 12, 1961.

"Reports on World Affairs: Strategic and Geographical Aspects", The Year Book of World Affairs, Vol. 15, 1961.

"Reports on World Affairs: Strategic and Geographical Aspects", The Year Book of World Affairs, Vol. 16, 1962.

"Europe and the Bomb", The Spectator, 29 June 1962.

"The Spread of Nuclear Weapons", The Spectator, 12 October 1962.

"Is International Inspection Necessary?" The Spectator, 30 November 1963.

"Limitations in Strategic Nuclear War", The Listener, 24 January 1963.

"International Defense Organisations", The Annual Register of World Events, 1962, 1963.

"Two Kinds of Arms Control", *The Year Book of World Affairs*, Vol. 17, 1963.

"Report on the Strategic Aspects of World Affairs", *The Year Book of World Affairs*, Vol. 17, 1963.

"A Comment on the Proposal for a Ban on the First Use of Nuclear Weapons", in Robert C. Tucker, et al., *Proposal for No First Use of Nuclear Weapons: Pros and Cons*, Princeton: Center of International Studies, Princeton University, Policy Memorandum No. 28, 1963.

"Inconsistent Objectives", *The Spectator*, 4 January 1963.

"Thinking about the Unthinkable", *The Spectator*, 1 March 1963.

"NATO at Ottawa", *The Spectator*, 24 May 1963.

"Limited and Nuclear War", *Survival*, Vol. 5, No. 2, 1963.

"Strategy and the Atlantic Alliance: A Critique of United States Doctrine", Princeton: Center of International Studies, Princeton University, Policy Memorandum No. 29, 1964.

"Pros and Cons of Unilateral Disarmament", *Gandhi Marg*, Vol. 8, No. 1, 1964.

"Mr Strachey and World Order", *Political Studies*, Vol. 12, No. 1, 1964.

"International Order and the Dispersion of Nuclear Weapons", *Science*, Vol. 144, No. 3619, 1964.

"Arms Control", *Current Affairs Bulletin*, Vol. 34, No. 5, 1964.

"International Defense Organisations", *The Annual Register of World Events*, 1964, 1965.

"Report on Strategic Aspects of World Affairs", *The Year Book of World Affairs*, Vol. 19, 1965.

"Disarmament and Arms Control", *The British Survey*, No. 190, 1965.

"International Theory: The Case for a Classical Approach", *World Politics*, Vol. 18, No. 3, 1966.

"Society and Anarchy in International Relations", in Herbert Butterfield and Martin Wight, eds., *Diplomatic Investigations: Essays in the Theory of International Politics*, London: George Allen & Unvin, 1966.

"The Grotian Conception of International Society", in Herbert Butterfield and Martin Wight, eds. , *Diplomatic Investigations: Essays in the Theory of International Politics*, London: George Allen & Unvin, 1966.

"Die Ziele Der Rüstungskontrolle", in Uwe Nerlich, ed. , *Krieg und Frieden in der modernen Staatenwelt*, Munich: C. Bertelsmann Verlag, 1966.

"Western Policy and Nuclear Proliferation in Asia", *World Review*, Vol. 6, No. 3, 1967.

"Review of Raymond Aron, *Peace and War: A Theory of International Relations*", *Survival*, November 1967.

"On the Non – Proliferation Treaty", *Interplay of European/American Affairs*, Nov. -Dec. 1967.

"The Role of the Nuclear Powers in the Management of Nuclear Proliferation", in James E. Dougherty and J. F. Lehman, Jr. , eds. , *Arms Control for the Late Sixties*, Princeton N. J. : D. van Nostrand Co. , 1968.

"On Non – Proliferation", *Interplay of European/American Affairs*, Vol. 1, No. 6, 1968.

"Indian Ocean and Pacific Strategy in the Wake of Britain's Withdrawal", in E. A. Gullion, ed. , *Uses of the Seas*, New York: The American Assembly, Columbia University, 1968.

"The Strategic Consequences of Britain's Revised Naval Role" (with L. Martin) , in E. A. Gullion, ed. , *Uses of the Seas*, New York: The American Assembly, Columbia University, 1968.

"Australia, New Zealand and Nuclear Weapons", in T. B. Millar, ed. , *Australia – New Zealand Defence Cooporation*, Canberra: Australian National University Press, 1968.

Untitled paper, in *Australia's Foreign Policy in the Seventies*, Townsville: Australian Institute of International Affairs, North Queensland Branch, 1968.

"Strategic Studies and its Critics", *World Politics*, Vol. 20, No. 4, 1968.

"In Support of the Non – Proliferation Treaty", *Quadrant* (No. 53), Vol. 12, No. 3, 1968.

"The Non – Proliferation Treaty and its Implications for Australia", *Australian Outlook*, Vol. 22, No. 2, 1968.

"The Political and Strategic Background to Australian Defence", in R. H. Scott, ed., *The Economics of Defence*, Economic Papers, No. 29, 1968 (Economic Society of Australia & New Zealand, NSW & Victorian Branches).

"Problems of Australian Foreign Policy January – June 1968", *Australian Journal of Politics and History*, Vol. 14, No. 1, 1968.

"Force in Contemporary International Relations", *Survival*, Vol. 10, No. 9, 1968.

"Der Indische Ozean – nach dem Rückzug Grossbritanniens", *Moderne Welt*, No. 3, 1969; also printed as "Security in the Indian Ocean", *Modern World*, Vol. 7, 1969.

"The Scope for Super – Power Agreements", *Arms Control and National Security: An International Journal*, Vol. 1, 1969.

"Arms Control: A Stocktaking and Prospectus", in *Problems of Modern Strategy*, Part 2, Adelphi Papers, No. 55, 1969.

"*The Twenty Years' Crisis* Thirty Years On", *International Journal*, Vol. 24, No. 4, 1969.

"Prospects for SALT", *Interply: the Magazine of International Affairs*, Vol. 3, No. 5, 1969 – 1970.

"Asia in the Seventies", *New Guinea, Australia and the Pacific*, Vol. 5, No. 2, 1970.

"Chemical and Biological Weapons: the Prospects for Arms Control", *Australian Outlook*, Vol. 24, No. 2, 1970.

"Strategic Arms Limitation: the Precedent of the Washington and London Naval Treaties", Occasional Paper for the Center for Policy Study, University of Chicago, 1971; reprinted in Morton A. Kaplan, ed., *SALT: Problems and Prospects*, Morristown, NJ: General Learning Press, 1973.

"World Order and the Super Powers", in Carsten Holbraad, ed., *Super Powers and World Order*, Canberra: ANU Press, 1971.

"Review Comments: Strategic Aspects", in Bruce Brown, ed., *Asia and the Pacific in the 1970s: the Roles of the United States, Australia, and New Zealand*, Canberra: Australian National University Press, 1971.

"The New Balance of Power in Asia and the Pacific", *Foreign Affairs*,

Vol. 49, No. 4, 1971.

"Order vs. Justice in International Society", *Political Studies*, Vol. 19, No. 3, 1971.

"European and the Wider World", *The Round Table*, No. 244, 1971.

"Civil Violence and International Order", in *Civil Violence and International System*, *Part II: Violence and International Security*, Adelphi Papers, No. 83, London: IISS, 1971.

"Nueva Esquema de Poder en el Pacifico", *Revista de Estudios del Pacifico*, No. 2, 1971.

"The Theory of International Politics, 1919 – 1969", in Brian Porter, ed., *The Aberystwyth Papers: International Politics* 1919 – 1969, Oxford: Oxford University Press, 1972.

"International Law and International Order", *International Organisation*, Vol. 26, No. 3, 1972.

"The Defence of Australia to the 1980's: The Problem", *United Service*, Vol. 26, No. 2, 1972.

"Ordine e Guiustizia Nella Communita Internazionale", *Mercurio*, No. 10, 1972.

"International Relations as an Academic Pursuit", *Australian Outlook*, Vol. 26, No. 3, 1972.

"Violence and Development", in Robert E. Hunter and John E. Reilly, eds., *Development Today: A New Look at US Relations with the Poor Countries*, New York: Praeger, 1972.

"Australia's Defence", in Ken Keith, ed., *Defence Perspectives*, Price Milburn for New Zealand Institute of International Affairs, 1972.

"Australia – New Zealand Defence Cooperation", in Ken Keith, ed., *Defence Perspectives*, Wellington: Price Milburn for New Zealand Institute of International Affairs, 1972.

"Strategic Arms Limitation: The Precedent for Washington and London Naval Treaties", in Morton A. Kaplan, ed., *SALT: Problems and Prospects*, Morristown, NJ: General Learning Press, 1973.

"Options for Australia", in Gordon McCarthy, ed., *Foreign Policy for*

Australia：Choices for the Seventies, Sydney：Angus & Robertson, 1973.

The Moscow Agreements and Strategic Arms Limitation, Canberra Papers on Strategy and Defence, No. 15, Canberra：Australian National University, 1973.

"War and International Order", in Alan James, ed. , *The Bases of International Order：Essays in Honour of C. A. W. Manning*, Oxford：Oxford University Press, 1973.

"The Indian Ocean as a 'Zone of Peace'", in T. T. Poulose, ed. , *Indian Ocean Power Rivalry*, New Delhi：Yong Asia Publications, 1974.

"Australia's Involvement in Independent Papua – New Guinea (Fourth Heindorff Memorial Lecture)", *World Review*, Vol. 13, No. 1, 1974.

"Australia and the Great Powers in Asia", in Gordon Greenwood and Norman Harper, eds. , *Australia in World Affairs*, 1966 – 1970, Melbourne：Cheshire for Australian Institute of International Affairs, 1974.

"The New Strategic Balance in Asia and the Pacific", *Jernal Hubungan Antarabangsa*, Vol. 2, 1974 – 5.

"Introduction：Towards a New International Order in Asia and the Western Pacific?" in Hedley Bull, ed. , *Asia and the Western Pacific：Towards a New International Order*, Melbourne：Thomas Nelson with Australian Institute of International Affairs, 1975.

"The New Course of Australian Policy", in Hedley Bull, ed. , *Asia and the Western Pacific：Towards a New International Order*, Melbourne：Thomas Nelson with Australian Institute of International Affairs, 1975.

"New Directions in the Theory of International Relations", *International Studies*, Vol. 14, No. 2, 1975.

"Rethinking Non – Proliferation", *International Affairs*, Vol. 51, No. 2, 1975.

"Models of Future World Order", *Indian Quarterly*, Vol. 31, No. 1, 1975.

"The Whitlam Government' Rerceptions of our Role in the World", in B. D. Beddie, ed. , *Advance Australia – Where?* Melbourne：OUP Australia with Australian Institute of International Affairs, 1975.

"Wider Still and Wider：Nuclear Proliferation 1950 – 1975", *International*

Perspectives, November – December, 1975.

"Australia and the Nuclear Problem: Some Concluding Comments", in Robert J. O'Neill, ed., *The Strategic Nuclear Balance: An Australian Perspective*, Canberra: ANU Strategic and Defence Studies Center, 1975.

"Sea Power and Political Influence", in *Power at Sea*, 1. *The New Environment*, Adelphi Papers, No. 122, 1976.

"The West and the Third World", *Dyason House Papers*, Vol. 2, No. 5, 1976.

"Arms Control and World Order", *International Security*, Vol. 1, No. 1, 1976.

"Martin Wight and the Theory of International Relations: The Second Martin Wight Memorial Lecture", *British Journal of International Studies*, Vol. 2, No. 2, 1976.

"Neuverteilung von Reichtum oder Neuverteilung von Macht? Der Westen die dritte Welt und die Weltordnung", *Europa Archiv*, No. 4, 1977.

"A View from Abroad: Consistency under Pressure", *Foreign Affairs*, Vol. 57, No. 3, 1978.

"The Third World and International Society", *The Year Book of World Affairs*, Vol. 33, 1979.

"Natural Law and International Relations", *British Journal of International Studies*, Vol. 5, No. 2, 1979.

"Recapturing the Just War for political Theory", *World Politics*, Vol. 31, No. 4, 1979.

"The Universality of Human Rights", *Millennium*, Vol. 8, No. 2, 1979.

"The State's Positive Role in World Affairs", *Daedalus*, Vol. 108, No. 4, 1979.

"Human Rights and World Politics", in Ralph Pettman, ed., *Moral Claims in World Affairs*, London: Croom Helm, 1979.

"Review of Stanley Hoffmann, *Primacy or World Order: American Foreign Policy since the Cold War*", *Survival*, Vol. 21, No. 5, 1979.

"Review of Kenneth N. Waltz, *Theory of International Politics*", *Times Literary Supplement*, 18 December, 1979.

"Review of Astri Suhrke and Lela Garner, eds. , *Ethnic Conflict in International Relations*", *Ethnic and Racial Studies*, Vol. 3, No. 3, 1980.

"Kissinger: The Primacy of Geopolitics", *International Affairs*, Vol. 56, No. 3, 1980

"European Defence: The Political Perspective", *Thinking Again about European Defence*, London: European Democratic Group, 1980.

"The Great Irresponsibles? The United States, the Soviet Union and World Order", *International Journal*, Vol. 35, No. 3, 1980.

"The Harries Report and the Third World", *Quadrant*, Vol. 34, No. 7, 1980.

"The European International Order", Paper for the British Committee on the Theory of International Politics, 1980; reprinted in Kai Alderson and Andrew Hurrell, eds. , *Hedley Bull on International Society*, London: Macmillan Press, 2000.

"The Rise of Soviet Naval Power", *Problems of Communism*, Vol. 30, No. 2, 1981.

"Hobbes and the International Anarchy", *Social Research*, Vol. 48, No. 4, 1981.

"Force in International Relations: the Experience of the 1970s and Prospects for the 1980s", in Robert J. O'Neill and D. M. Horner, eds. , *New Directions in Strategic Thinking*, London: George Allen & Unwin, 1981.

"Of Means and Ends", in Robert J. O'Neill and D. M. Horner, eds. , *New Directions in Strategic Thinking*, London: George Allen & Unwin, 1981.

"The Revolt against the West", in M. S. Rajan and Shivaji Ganguly, eds. , *Great Power Relations, World Order and the Third World: Essays in Memory of Sisir Gupta*, New Delhi: Vikas Publishing House, 1981.

"Future Conditions of Strategic Deterrence", in Christoph Bertram, ed. , *The Future of Strategic Deterrence*, Adelphi Papers 160 – 1, London: Macmillan and International Institute for Strategic Studies, 1981.

"The Case for Unilateral Disarmament", *Nature*, Vol. 292, No. 6, 1981.

"The West and the South Africa", *Daedalus*, Vol. 111, No. 2, 1982.

"Civilian Power Europe: A Contradiction in Terms?" *Journal of Common*

Market Studies, Vol. 21, No. 1 - 2, 1982.

"A New Course for Britain and Western Europe", *SAIS Review*, Vol. 1, No. 4, 1982.

"Die klassische Konzeption der Rüstungskontrolle: Ein Ruckblick nack zwanzig Jahren", in Uwe Nerlich, ed. , *Sowjetische Macht und westliche Verhandlungspolitik im Wandel militärischer Kräfteverhältnisse*, Baden - Baden: Nomos Verlagsgesellschaft, 1982; also published as "The Classical Approach to Arms Control: Twenty Three Years After", in Uwe Nerlich, ed. , *Soviet Power and Western Negotiating Policies*, Vol. 2: *The Western Panacea: Constraining Soviet Power though Negotiation*, Cambrideg, MA: Ballinger Publishing Co. , 1983.

"Intervention in the Third World", *The Non - Aligned World*, Vol. 1, No. 3, 1983.

"European Self - Reliance and the Reform of NATO", *Atlantic Quarterly*, Vol. 1, No. 1, 1983; also in *Foreign Affairs*, Vol. 61, No. 6, 1983.

"The International Anarchy in the 1980s", *Australian Outlook*, Vol. 37, No. 3 , 1983.

"European States and African Political Communities", in Hedley Bull and Adam Watson, eds. , *The Expansion of International Society*, Oxford: Clarendon, 1984.

"The Emergence of a Universal International Society", in Hedley Bull and Adam Watson, eds. , *The Expansion of International Society*, Oxford: Clarendon, 1984.

"The Revolt against the West", in Hedley Bull and Adam Watson, eds. , *The Expansion of International Society*, Oxford: Clarendon, 1984.

Justice in International Relations, the 1983 - 4 Hagey Lectures, Ontario: University of Waterloo, 1984.

"Dieanarchische Gesellschaft", in Karl Kaiser and Hans - Peter Schwarz, eds. , *Weltpolitik: Strukturen - Akteure - Perspektiven*, Bonn: Bundeszentrale für politische Bildung, 1985.

"The American Presidency Viewed from Britain and Australia", in Kenneth W. Thompson, ed. , *The American Presidency: Perspectives from Abroad*, Lanham MD: University Press of America, 1986.

"Hans Kelsen and International Law", in Richard Tur and William Twining, eds. , *Essays on Kelsen*, Oxford: Clarendon, 1986.

"Britain and Australia in Foreign Policy", in J. D. B. Miller, ed. , *Australians and British: Social and Political Connections*, North Ryde: Methuen Australia, 1987.

"Population and the Present World Structure", in William Alonso, ed. , *Population in an Interacting World*, Cambridge MA: Harvard University Press, 1987.

"The Importance of Grotius in the Study of International Relations", in Hedley Bull, Benedict Kingsbury and Adam Roberts, eds. , *Hugo Grotius and International Relations*, Oxford: Clarendon Press, 1990.

后　记

写完书稿，满脑子萦绕的都是"赫德利·布尔"。诚然，我应该感谢布尔。没有他就没有他的思想，自然也就不会有这本研究他的世界秩序思想的著述。可惜布尔已经离开了我们，英年早逝，令人惋惜。

张小明教授是国内研究英格兰学派的重要学者，也是我在北京大学读书期间的博士生导师。在我眼里，他是个治学严谨、性格温和的人。在我写作博士论文的过程中，张老师自始至终都给予认真指导。在本书出版之际，他又专门写了序言，所以我非常感谢他。

在以前的学习和写作过程中，我从王栋老师那里得到了许多很有价值的指导意见。我还曾通过电子邮件等方式向赵汀阳老师和王逸舟老师请教过相关问题，并从他们的观点中受到启发。我对以上老师怀有感激之情，希望自己以后也能像他们那样好学深思。

我于2011—2012年在英国杜伦大学访学六个月，在阅读和写作方面得到了张志楷（Gordon Cheung）博士的认真指导，在学术和生活上得到了戴维·克尔（David Kerr）博士的很多帮助。我不会忘记他们的指导和帮助，就像我不会忘记杜伦大学的美景一样。访学期间，我拜访了理查德·利特尔（Richard Little）、安德鲁·赫里尔（Andrew Hurrell）、张勇进（Yongjin Zhang）、柯岚安（William A. Callahan）等学者，从与他们的谈话中获益良多。

本书能够出版，得益于我所在的兰州大学中亚研究所和管理学院提供的宽松学术环境。特别感谢中亚研究所的杨恕教授，他对我的研究给予了真诚的鼓励和支持，他的渊博学识和独到见解不断激励着我去阅读和思考。同时，中国社会科学出版社的田文女士为本书的出版提供了支持并付出了辛劳，在此特意致谢。

　　本书第二、三章的部分内容曾以《国际社会的社会性与非社会性》为题发表在《国际政治研究》2014 年第 6 期上，第四、五章的部分内容曾以《反思赫德利·布尔的国际制度思想》为题发表在《世界经济与政治》2015 年第 1 期上。感谢有关刊物允许我使用这两篇文章的基本内容。

　　由于资料的不足和时间的压力，尤其是我个人才疏学浅，书中难免存在许多错漏之处。祈望专家和读者不吝赐教，以便我在以后的学习和研究中逐步改进。

马国林

2015 年 5 月 4 日